国語科教師の学び合いによる実践的力量形成の研究

協働学習的アクション・リサーチの提案

細川太輔 著

ひつじ書房

はじめに

　本書は東京学芸大学大学院連合学校教育学研究科に提出した学位論文「協働学習的アクション・リサーチの理論と実践―国語科教師の学びあいによる変容―」を公刊するものである。公刊に際して、書名を『国語科教師の学び合いによる実践的力量形成の研究』と改め、加筆修正を加えたものである。
　著者が教員になることを決めたのは 24 歳のときである。学部を卒業したが、もっていた免許は中学校社会科、高校の地理歴史にすぎない。大学院入試に失敗し、途方にくれていた著者は、ボランティア先の荒川区立第二峡田小学校の子どもたち、そして教職員のみなさんに希望をもらい、小学校教員になることをぼんやりと考え始めた。23 歳のときに玉川大学の通信教育で小学校教員の 2 種免許を取り、忙しい学年末の 2 月にもかかわらず桐朋学園小学校で教育実習を受け入れていただいた。その教育実習での子どもたちとの思い出、先生の温かいご指導があり、教員になる決意をした。そしてその 2 ヶ月後の 24 歳の 4 月から教員になった。
　だから筆者には遅れて教員になったというあせりが強くある。そのためどうしたらよい教師になれるのか、常に考えていて、いろいろな勉強会、研究会に参加するようになった。しかし勉強会や研究会に参加していつも疑問に思うことが 2 つあった。
　1 つ目は教員の授業力のテクニックのある、なしでよい教師かどうかを測れるものなのかということである。明日にでも使える授業テクニックが目玉になっている研究会が数多くあり、そういう勉強会にたくさんの人が集まっている。確かにテクニックも大切である。しかし、テクニックをいくら身につけても、それを発揮する場が分からなくては活用できず、授業改善は望めないのではないか。
　2 つ目は正しい授業というものがあり、それに近づくことが授業研究だと

されていることである。研究授業の後に立派な先生からご指導があり、正しい授業というものが示される。また「どんな教師にでもできる」というふれこみで授業メソッドが売られている。教師には個性があり、教師に応じた授業があるはずだが、教師の人間性は無視され、正しいとされる授業メソッドにどれだけ近づけているかが、授業研究の目的となってしまっているのではないか。

　この漠然とした問題意識に自分なりの答えを出したのが、本書である。本書はその問題意識に2つの視点から迫っている。

　1つ目は教師の人間性に焦点をあてたということである。授業の主役は子どもであるが、その子どもを生かすのは教師である。子どもに授業の責任はないのだから、授業改善の最大のターゲットは指導技術ではなく、教材でもなく、教師であるべきである。教師が子どもの活動をデザインし、子どもと共に選ぶ場合もあるが、教材を選び、そして指導技術を選んで使うのである。教師を、決まったカリキュラムを実行するロボットではなく、人間として教師がその場で子どもと考えながら授業を作っていく。その考える教師になっていくことが重要ではないか、と考える。

　2つ目は教師の主体的な学び合いに注目したということである。教師教育的に教師をどう育てていくのか、という観点で書いたというよりは、著者自身が教師としてどのように変容していったのか、という観点で書かれている。したがって本書も、著者がもがき、苦しみながら授業を改善していったプロセスが書かれている。しかもその変容も、正しいとされる授業を受け入れるという変容ではなく、教師として子どもから学んだり、他の教師と学び合ったりした結果としてとらえる。教師の学び合いは講師の指導よりも、教師の変容の大きなエネルギーになると考えている。

　このように、本書は教師の人間性、教師の学び合い、という当たり前ではあるが、今まで焦点をあててこられなかった分野に挑戦したものである。今まで焦点があてられてこなかったのは研究方法が確立されておらず、研究として成立するのか、という議論があったからであろう。そのため著者は研究方法論や、質的研究論文の記述方法を定めるという大きな試みにも挑戦して

いる。
　著者の様々な挑戦を読者の先生方にご指導いただき、新たな研究の出発点にしたいと考えている。

目 次

はじめに……………………………………………………………………… iii

序章　本書の目的と構成 ─────────────────── 1
  1.　現在の国語科教師の問題─指導技術だけで足りるのか ………… 1
  2.　研究の目的と構成 ……………………………………………………… 4
  3.　研究の方法 ……………………………………………………………… 5

Ⅰ部
教室で子どもから学ぶ研究
教師学習的アクション・リサーチとは

第 1 章　教師学習的アクション・リサーチの方法論 ──── 11
  1.　アクション・リサーチとは ……………………………………………… 11
  2.　アクション・リサーチが注目されるようになった背景 …………… 12
    2.1　質的研究・事例研究から ……………………………………… 12
    2.2　ドナルド・ショーンの実証主義批判 ………………………… 15
  3.　実践知とは ……………………………………………………………… 16
    3.1　実践知の暗黙的な側面 ………………………………………… 17
    3.2　実践知の状況的な側面 ………………………………………… 19
    3.3　実践知の即応的な側面 ………………………………………… 20

- 4. フレーム分析 …………………………………………………… 22
- 5. フレームとライフストーリー …………………………………… 24
- 6. アクション・リサーチの意義 …………………………………… 26
  - 6.1 目の前の子どもの利益に ………………………………… 26
  - 6.2 読者のフレームの変容 …………………………………… 27
- 7. アクション・リサーチの方法 …………………………………… 29
  - 7.1 日本語教育から …………………………………………… 29
  - 7.2 環境教育から ……………………………………………… 30
- 8. 教師学習的アクション・リサーチの方法論
  ―国語科教育にアクション・リサーチを導入するにあたって ……… 35
  - 8.1 フレーム分析―人を対象にする研究 …………………… 35
  - 8.2 記録をとる「出来事」を記録し、ナラティブ様式で自分を語る …… 37
  - 8.3 共有できる論文を書く―読者である教師へのフレームの公開 …… 39

第2章　教師学習的アクション・リサーチの実践
　　　　―作文教育におけるフレームの変容 ―――――― 43

- 1. 実践の場について ………………………………………………… 43
- 2. 実践の物語化―実践の意味が明確に …………………………… 43
  - 2.1 2002年度 …………………………………………………… 44
  - 2.2 2003年4月　大学院での演習 …………………………… 45
  - 2.3 作文の時間の創設 2003年度 1, 2学期 ………………… 47
  - 2.4 2003年度 3学期 …………………………………………… 50
- 3. フレームの明確化 ………………………………………………… 53
- 4. フレームの相対化 ………………………………………………… 58

第3章　教師学習的アクション・リサーチの意義と課題 ― 61

- 1. 意義 ………………………………………………………………… 61
  - 1.1 教師の成長のプロセスをとらえる ……………………… 61

1.2	教師の成長を複線的にとらえる	62
1.3	教師教育に関連する教師が自ら学ぶ研究	63
2. 課題		64
2.1	フレームの分析が浅い	64
2.2	教師の学び合いが考慮されていない	66

Ⅱ部
教師が学び合う研究
協働学習的アクション・リサーチとは

第1章　国語科教育における教師の専門性研究 ── 71

1. 教師の専門性研究		71
2. 教師の実践知研究		71
2.1	授業カンファレンス	72
2.2	授業リフレクション	74
2.3	予想不可能事象の研究	75
2.4	アクション・リサーチ	76
2.5	実践知研究のまとめ	77
3. 教師の時系列的研究		78
3.1	ライフコース研究	80
3.2	研究	80
3.3	ナラティブアプローチ	82
3.4	教師個体史研究	83
3.5	時系列的研究のまとめ	84

第2章　協働学習的アクション・リサーチの研究方法 ── 89

1. 協働学習的アクション・リサーチの基本的な考え方		89
1.1	具体的な実践とライフストーリーの融合	89

1.2	教師の側から見る研究を	90
1.3	トライアンギュレーション	90
2.	協働学習的アクション・リサーチの定義・意義	92
3.	国語科教育における意義	94
4.	具体的な研究方法	95
4.1	授業を見合う	95
4.2	違いを見つける（フレームの明確化）	96
4.3	違いを明らかにし、ライフストーリーと結びつける（フレームの相対化）	96
4.4	フレームの変容	97

第3章　協働学習的アクション・リサーチの実践1
―4年間の国語科教師の学び合いとフレームの変容―― 99

1.	実践の概要	99
2.	実践の変容	99
2.1	2004年6・7月	99
2.2	2004年8月	100
2.3	2004年11月～2005年3月	101
2.4	2005年4月	105
2.5	2005年6月	109
3.	教師の変容とフレーム「叫ぶ」と「語る」	116
4.	教師の変容と子どもの変容	118

第4章　協働学習的アクション・リサーチの実践2
―学部4年生によるフレームの発見―― 123

1.	問題意識	123
2.	研究の目的	123
3.	研究方法	124

	3.1	研究の対象	124
	3.2	研究の方法	124
4.	授業の実際	125
	4.1	授業Ⅰ―2つの詩をくらべよう	125
	4.2	授業Ⅱ―絵の描き方を相手にわかりやすく説明しよう	126
5.	気付いた実践の違い	127
	5.1	話し合いのもたせ方の違い	127
	5.2	話す力の違い	128
6.	ライフストーリーとの結びつき	131
	6.1	話す力とライフストーリー	131
	6.2	話し合いとライフストーリー	134
7.	考察	136
	7.1	フレームの明確化と準備教育としての教育実習	136
	7.2	司会者の役割	137
8.	課題	138
	8.1	教育実習に活かすには	138
	8.2	本質性の問題	138

第5章　協働学習的アクション・リサーチの実践3
　　　―2年後に学生のフレームはどう変容したか ───── 141

1. 研究の目的 ･･････････････････････････････････････ 141
2. 研究方法 ･･ 142
   2.1 研究の対象 ･････････････････････････････････ 142
   2.2 研究の方法 ･････････････････････････････････ 142
3. 授業の実際 ･･････････････････････････････････････ 143
   3.1 授業Ⅰ―ごんぎつね ･････････････････････････ 143
   3.2 授業Ⅱ―おにたのぼうし ･････････････････････ 145
4. 新しいフレームの発見 ････････････････････････････ 147
5. 以前のフレームの変容 ････････････････････････････ 149

    5.1　グループ学習について ………………………………………………… 149
    5.2　話す力について …………………………………………………………… 151
  6.　考察 ……………………………………………………………………………… 152
    6.1　教師の成長―寛容さについて ………………………………………… 152
    6.2　教師の変容の背景―2種類の教師としてのライフストーリー ……… 153
    6.3　教師になっていくこと―学習者でなくなること …………………… 155
    6.4　課題 ………………………………………………………………………… 156

第6章　協働学習的アクション・リサーチの実践4
―教育実習における協働学習的アクション・リサーチ ── 159

1.　課題意識 ……………………………………………………………………… 159
2.　研究方法 ……………………………………………………………………… 159
  2.1　研究の対象 ………………………………………………………………… 159
  2.2　研究の方法 ………………………………………………………………… 160
3.　授業の実際 …………………………………………………………………… 160
  3.1　授業Ⅰ―事実の文と意見の文 ………………………………………… 160
  3.2　授業Ⅱ―著者の主張を考えよう ……………………………………… 160
4.　フレームの明確化の過程 …………………………………………………… 161
  4.1　フレームの明確化―板書の違いについて …………………………… 161
  4.2　ライフストーリーとの結びつき ……………………………………… 162
5.　考察 …………………………………………………………………………… 164
  5.1　板書とライフストーリー ……………………………………………… 164
  5.2　課題 ………………………………………………………………………… 165
    5.2.1　司会の役割について ……………………………………………… 165
    5.2.2　客観性について …………………………………………………… 166
    5.2.3　フレームの浅さについて ………………………………………… 166

終章　協働学習的アクション・リサーチの課題と展望
　　　―子どもの学びを深めるために ───────────── 169
1. 結論―学び合いの重層構造・アクション・リサーチの二重構造……… 169
2. 課題と展望……………………………………………………………………… 171

おわりに……………………………………………………………………………… 173

初出一覧……………………………………………………………………………… 176

索引…………………………………………………………………………………… 177

序章
本書の目的と構成

　国語科教育界では教科の特質上、この教材をどう正しく読みとらせるのかが中心であり工学的な指導だけで指導するのに限界が来ていると考える。現代の国語科教師の課題を浮き上がらせ、本書の議論の出発点としたい。

1.　現在の国語科教師の問題―指導技術だけで足りるのか

　昨今国語科教育界では「明日にでも使える」というフレーズの研修会が多く開かれている。研究授業の後でも、授業技術を中心に議論が進んでいくことが多い。確かに授業技術は重要である。しかし授業技術だけを学んだ教師は、自分で授業を組み立てることが困難である。目の前の子どもの現状と、自分を結び合わせて学習を行わせているものは何か、授業を創り出すものは何か、そこまで追求しなければ良い授業を生み出すことはできないのではないか。つまり教育技術や教育理論を発展させ、一般化させることを通して、均質な教師を全国に提供するという道をとらず、地道だが一人ひとりの教師が自己反省の観点を学び、個性的な教師に成長していく道をとるべきだということである。

　具体的な実践で示していくことにする。次のような授業があった。教材は以下の詩である。

　　　花ふぶき　　　坂本越郎

　　1　さくらの花の散る下に
　　2　小さな屋根の駅がある。

3　　白い花びらは散りかかり
4　　停車場の中には
5　　花びらでいっぱい。
6　　花びらは　男の子の帽子にも
7　　せおった荷物の上にも来てとまる。
8　　この村のさくらの花びらをつけたまま
9　　遠くの町へ行く子もあるんだな。
10　　待合室のベンチの上にも、
11　　白い花びらは散りかかり、
12　　旅人は、花びらの上にこしかけて
13　　春の山脈をながめている。

　この詩を2つに分けるとするとどこで分けるのかという問いを通して、子どもたちに作者の目線の移動・変化をとらえさせるのがこの授業のねらいである。次のように授業は計画されていた。
　㋐子どもたちに作品を配り、それを1人の子どもが音読する。
　㋑どこで詩を2つに分けることができそうか、子どもたちに問いかけ、ワークシートに記入をさせる。
　㋒どこで分けることができそうか、行数と理由を発表させ、議論をさせる。（前の授業にはっきりとテーマで分けることができる詩を扱っていたので、子どもたちがとまどうという予測がなされていた。）
　㋓子どもたちが困ったところで作品の絵を描かせる。（2つに分けて書いてもよいし、1つの絵で描いてもよい。）
　㋔絵を描いたところから作者の目線の変化に気付かせ、10行目で分けられることに気付かせる。
　この授業の前に著者はA先生に、㋒の話し合いで子どもの発言を教師が評価し、子どもたちを困らせてから㋓に進まなければいけないから、難しい授業であるという話をした。子どもたちの発言をその場で解釈して授業を組み立てなくてはいけない種類の授業だからである。実際話し合いは次のように進む。最初に発言した子どもが次のように言う。

「10行目だと思います。停車場での話から待合室の話に変わっているからです。」

それに対して教師は

「はい。他には。」

と、次に進め、子どもの発言がつながっていかない。

「8行目だと思います。ここから後は旅人のことについて書いてあります。」

という子どもの意見にも

「はい。他には。」

と次を指名し、話し合いはつながらない。A先生も「反対意見などはありませんか。」と投げかけるが、議論は起こらない。議論が起こるために焦点を絞って、論点を明らかにする方法もある。先の2つの発言をつなげて、8行目か10行目かを決める大事な部分、8、9行目がどのような意味をもっているのかに焦点を絞れば議論が起きることも考えられるが、そのような発問はなかった。そして子どもたちは困ることなく㋤に進み、絵を描くことになる。子どもたちはなぜ絵を描くのかわからずに絵を描いたので、学んだという実感のもてない学習になってしまった。

子どもの議論を起こすにはどうしたらよかったのか。A先生はもう何年も教師をやっているので、話し合わせるための発問の技術も知っている。しかしA先生はここでもっと話し合わなければいけない、という認識が薄かったため、意見が出尽くしたので次に進もうと考えてしまったのだ。ここで十分な議論をし、子どもたちに問題意識をもたせなければ、子どもたちも新しい方法を学ぼうとは思わないであろう。子どもたちの発言を拾い、そこで議論を引き起こし、子どもたちに今までのやり方ではできない、という危機感をもたせなければ、絵を描く必然性が子どもに生まれないのではないか。

この問題を解決できるのはもはや技術だけではないだろう。先にも述べたようにA先生は技術をもっているが、それをここで使おうという意志が働かなかったのである。

A先生が議論を起こさなかったことの背景として、話し合いをすることの意義をあまり感じていなかったことがあげられる。計画実行型の授業では次に何をするのかがきちんと決まっているので、手順通り進めていくことが

重視されるが、子どもと共に作っていくような授業では子どもの発言を即座に評価して授業を作っていかなければならない。そのためには、何のためにこの活動を行っているのかを明確にし、それに応じて評価をし、授業を作っていくような授業観をもたなければならない。熟練の教師は子どもの行動が予想と異なれば、子どもたちと新しい授業展開を作っていくことができる。計画通りに授業をすることが大事なのではなく、その場の子どもの発言に対応し、即応的に授業を柔軟に作っていくことが重要であろう。

子どもを教師の予想通りに導くような工学的な授業力を身につけるのではなく、子どもにどのように反応してくのかという授業力が必要であるが、その方法論が教師に浸透していないという点に問題があると考えられる。

2. 研究の目的と構成

以上１節で、ある実践を振り返りながら、現代の教室での問題点を浮かびあげてみた。同じような問題が全国に多数あることは容易に想像できる。実践を計画実行型としてとらえ、教師の力量を、授業を効率的に行う技術ととらえている教師は、技術は十分にもっていても、それをどのような場面で使えばよいかわからないことが多くあるだろう。常に自分の実践や自らを省察し、様々な子どもの発言に反応できるよう、自己を高めておくことこそ、この問題を解決する唯一の方法であると考える。

では教師として高まっていくにはどのようにしたらよいのか、それは教師が学び合うことではないかと考える。対等に学び合う体制がきちんと取れていれば、どの教師も自立して自分で考え、授業研究をせざるをえなくなる。そうやって自立した教師たちが独自の授業観をもって学び合うことにより、そこで得られた授業観は多様な見方から得られた深いものになる。その結果様々な子どもの発言に対応できるようになるのだ。学び合うのではなく教えられた場合、授業観は指導する教師の授業観になってしまい、自分の授業観ではなくなる。また授業観の責任を指導してもらった教師に向けて逃げることも可能になってしまう。

対等な学び合いは教師を自立させる。自立した教師が学び合うことによ

り、深い授業観をもつなど教師として高まっていくことができる。この循環を教師の学び合いは引き起こすことができるのではないか。

　本書の目的は、教師が学び合いを通してどのように高まっていくのか、そして教師の変容に伴って子どもがどのように高まっていくのかという方法論を提示することである。ここではあえて教師として高めていくのか、という外部から教師の力量を育てるという教師教育的な言葉は用いない。それは著者自身が実践者であり、著者自身と他の教師が学び合いながら、変容していくという立場をとるからである。

　本書では教師の学び合いを基本概念とした、協働学習的アクション・リサーチを提案する。まずⅠ部で教師と子どもの教師学習的アクション・リサーチの意義と課題を分析する。その後Ⅱ部でもう一度先行研究を分析して、協働学習的アクション・リサーチの方法論を構築する。そしてその方法論を用いて、協働学習的アクション・リサーチによって著者や共同研究者がどのように変容し、実践を変えていったのか。そしてその実践の変容により、子どもがどのように変わっていったのかを示し、協働学習的アクション・リサーチの有効性を論じることにする。

3. 研究の方法

　協働学習的アクション・リサーチの有効性を論じるために、本書では教師と子どもの変容のプロセスをていねいに描いていくことにする。統計調査によって教師と子どもに変容があるのかどうかを量的にとらえるのではなく、教師の変容を質的にとらえ、変容のプロセスを詳細に論じていく。ただ教室での出来事、教師と子どもの変容は単純な因果関係で示すことは不可能である。様々な事象が複雑に絡みあって1つの出来事が起こる。従って、1つの原因を取り出し、因果関係で客観的に論じることはできない。

　では教師の変容のプロセス、教室での出来事を描き出すにはどうしたらよいのか。それはナラティブ様式で語っていくことであろう[1]。佐藤は、

　　　実証主義の科学が客観的で普遍的で脱文脈的な認識を「パラダイムの

（命題的）様式」で表現するのに対して、「ナラティブの（物語的）様式」は、主観を尊重し個人的で特異的で文脈に繊細な認識を語りの様式で表現している。前者は科学的認識、後者は文学的認識と言ってもよい。この物語認識は、ポスト実証主義とポスト構造主義を基礎として、新しい人文社会科学の方法論として着目されつつあり、教育研究においても、教室の経験の意味の解読や教師の自伝の研究などを中心に活用されている[2]。

と述べ、主観的なものを表現する時にナラティブ様式を用いると言う。当然、ナラティブ様式には教師の主観が含まれている。従って恣意的解釈に陥っていると指摘される危険性もはらんでいる。この点について鯨岡は、

　　まったくの危うい綱渡りの一面をもち、まかり間違えば、恣意性や曖昧さ、あるいは独りよがりに陥りかねない。（中略）観察者の誠実さという倫理性に全面的に依拠せざるを得ないことになる[3]。

と述べ、実践者が自ら語ることの危険性を指摘する。そのため教師は、常に自分の主観で見ているという危険性を忘れてはならない。そのために自分の見方について深い省察をしなければならないのである。この危険性をふまえた上でやまだは、

　　数量的データでは研究者の個性が消える方が良いデータだが、質的データでは研究者の個性が最大限に生かされる方が良いデータである[4]。

と言う。まさにその通りで、資料に自分が表れてくるのである。その資料を通して自分自身を省察することで、自己の実践の根源を見つけることができるのではないかと考えている。本研究では自己の変容をもとらえようとしているので、ナラティブ様式で論じていくことが適していると考える。

注

1 ナラティブ様式についてⅠ部1章で詳しく検討するため、ここでは概略だけを示した。
2 佐藤学『教育方法学』(岩波書店 1996)　p.196
3 鯨岡峻『関係発達論の構築』(ミネルヴァ書房 1999)　p.148
4 やまだようこ「モデル構成をめざす現場心理学の方法論」『現場心理学の発想』(新曜社 1997)　p.181

Ⅰ部　教室で子どもから学ぶ研究
　　　教師学習的アクション・リサーチとは

Ⅰ部では教師が変容するための方法として、教師が子どもから学ぶ教師学習的アクション・リサーチを論じる。まず1章でアクション・リサーチの方法論を紹介し、その実践を2章で論じる。3章で教師学習的アクション・リサーチを実際に行って見えてきた意義と課題を論じ、Ⅱ部の協働学習的アクション・リサーチにつなげていく。

第1章
教師学習的アクション・リサーチの方法論

1. アクション・リサーチとは

　具体的に教師の専門的力量に注目した研究方法にアクション・リサーチがある。アクション・リサーチ研究を著者は継続して行ってきた。その方法論をこの章で論じる。佐藤はアクション・リサーチを次のように定義している。

　　一般に実践を対象として研究する場合、中立的な立場で客観的に調査し研究することが、好ましいとするのが実証主義の主張である。それに対して「アクション・リサーチ」では、教師の問題解決過程に研究者も積極的に関与して、変化の過程全体の分析が行われる。「アクション・リサーチ」の方法を最初に提示したのは、1940年代に集団心理学を研究したクルト・レヴィンであったが、1970年代以降、イギリスのカリキュラム研究者を中心に教育研究に応用されている。今では研究者が教師と協同関係を築いて展開する実践的研究を「アクション・リサーチ」と呼ぶことも多い[5]。

　また、岡崎は次のように定義する。

　　自分が担当する教室のもつ(また教室に影響を与える教室外の)問題について教師自身が理解を深め、自分の実践を改善することを目指して提起され進められる、小規模な調査研究であり、自分の教室を超えた一般化を直接的に目標とするものではない[6]。

また横溝は

> 自分の教室内外の問題及び関心事について、教師自身が理解を深め実践を改善する目的で実施される、システマティックな調査研究[7]

と定義している。そして秋田は

> やりっぱなしの実践、語りっぱなしの校内研、形だけの反省で終わる校内研究ではなく、また調査研究データだけとらせてもらいっぱなし、見せてもらって批評しっぱなしの学術研究や校内研参加ではなく、実践の過程を可視化し軌跡を跡づけて、具体的に省察しよりよい実践を継続的にともに模索していく研究法[8]

と述べる。ここで共通して言えることは、ある行為を第三者のように観察するのではなく、自分が実際にその場に参加することにより、その行為を変えていこうという研究方法である。秋田の場合はアクション・リサーチに研究者として関わっているので視点が少し異なっているが、実践者が研究者としての立場をもち、実践者のみが意味付けられる世界を記述していこうという立場の研究である。また今までの研究の多くが、なぜそうなるのかを考える研究方法であったのに対し、アクション・リサーチは自分が何をできるのかを考えるもので、実践者が行う研究の種類とされる。

2. アクション・リサーチが注目されるようになった背景

アクション・リサーチが注目されるようになったのは主に2つの背景があると考える。それぞれ論じていくことにする。

2.1 質的研究・事例研究から

心理学では、曖昧なものを捨て、客観的で数量化できるものを統計で分析・検証する方法がとられてきた。それは前に批判した実証主義的な考え方

である。伊藤はこの動きを、

> 心理学の歴史は、曖昧で「主観的」な要素を排除し、「客観的」なものを対象とすることで、物理学などの学問レベルに近づくために努力するという過程でもあった。[9]

と分析する。この結果「それで得たことも多かったが、失ったものも少なくなかった。」[10]と言う。また、質的研究・事例研究は行動主義の反論でもある。行動主義は、心理学を厳密なものにするために、条件を統制し、実験を行ってきた。しかし、実験室と現場との動きは異なる。動物でも、何もない檻の中の動きとジャングルの中での動きは全く異なる。だから、現場にいる中での自然な動きを見よう、というのが生態学的アプローチである。やまだはウィレムズの言葉を引いて、生態学的アプローチの特徴を

a）人間行動は複雑なまま研究されねばならない
b）その複雑さは、人、行動、社会的環境、物理的環境の関係システムにある
c）このシステムはばらばらに理解することができない
d）行動—環境システムは長い時間を経て変化する
e）システムのある部分に加えた影響は全体に変化を与える[11]

と言う。つまり条件を統制するのではなく、その複雑なまま、長い時間をかけて見ていこうという視点である。

まとめると次のように言えるだろう。反実証主義、反行動主義の流れから、曖昧なもの、数量化できないものを、複雑な環境の中で研究する方法として、質的研究・事例研究が注目されるようになったのである。社会学者でもあり、ジャズ奏者でもあるベッカーは、事例研究の意義について以下のように述べている。

> 他人がアイディアを持ってきて、言われてきたことを複雑化するため

にその比較でなければ違いを明らかにできないような違いを用いる。[12]

　つまり具体的なケースを扱うことにより、その違いがはっきりできる場合に具体的な研究が役に立つと主張する。ベッカーはその論文で「examples」と「generations」の関係について考えているが、具体例をあくまで理論を助けるものとしている。複雑な状況におけるインタラクションを見るために、具体的なケースを問題とせざるを得ない。だから、一般化の理論を明瞭にする(clarify)ために具体例を用いるというのだ。また、

　　我々社会学者は、ケースを比較し、一般化にたどり着くことを抽象化と呼んでいる。しかし我々の概念は特徴的に心の中では特殊な事例を扱っている。そして抽象化はこのケースの特異性を特徴付けている。この抽象化は、モデルに新しい特徴を加えることを強要するようなケースが新しく紹介された場合には複雑性や力を持つことができる。[13]

と述べ、最終目的は一般的な理論を作ることであると言う。具体性豊かな事例研究は一般化できないので、研究の意義がない。つまり、論文を読んだ読者が利用することができない、というのが欠点である。それをベッカーは、多くの比較を行うことによって一般的なモデルを作っていこう、という視点でその問いに答えようとしたのである。
　しかし、このような考え方は矛盾している。なぜなら、このような事例研究が意義をもち、人間の行動モデルが正確になろうとすればするほど、加えなければならない条件が増え、モデルが複雑化していくからである。人間の行為には様々な原因が考えられる。知識や状況、意欲など、多くの視点が付け加えられてきたが、これからも決して尽きることはないだろう。今日の作文が上手に書けたのはなぜか、指導が良かったからなのか、子どもが成長したからなのか、昨日ほめられたからなのかなど考えればきりがない。つまり全てを説明する一般的なモデルを作るためには、全ての条件を加えなければならない。従ってとても膨大になり、モデルを作ることは不可能になってしまうのだ。以前、教育工学では、授業での全ての出来事を予想した授業案を

作ろうとしたことがあったという。ここでこの子がこのように反応したら、次はどのような問いをするのか、など、全ての場合を考えた授業モデルを作ろうとした。しかし1コマの授業を作るのに何年もかかり、それでもまだ全ての可能性を拾いきれていないという現状があり、労力と効果の不釣合いに、そのような研究は行われなくなったという。つまり人間の行動を説明するモデルは、とても膨大なものになり、完全なモデルを作ることは不可能なのである。逆にきれいなモデルが提示されている場合には、何かが忘れられている、または意識的に無視されていることが多いのである。

　ベッカーが評価できるのは、即興という状況的な行為に注目し、具体的な事例研究を評価した点である。しかしベッカーは、その結果を一般的な理論を構成するために用いる。状況的で、複雑な人間の行動をモデルで説明することは、前にも述べたように無限に変数があるので不可能なのである。

　では、やはりベッカーの研究方法を主例にして考察したとおり、具体的な事例研究は意味をもたなくなってしまうのだろうか。このような問題に対して心理学では、「モデル」構築という方法を提案する。やまだは

　　　限定された領域で、限定された目的に対し、限定された用語で構成される検証可能なモデルこそ、今後の研究に有効である[14]

とし、範囲を絞った中でのモデル構築を目指したのである。しかし、ここで考えなければならないのは、こう考えている私たちの考え方自体が、実証主義の呪縛の根深さを物語っている、ということである。なぜ理論、モデルを作らなければならないのか、なぜ一般化しない研究は意味がないのか、なぜ検証可能でなくてはいけないのか、こう自分に問いかける時、この矛盾を解消する光が見えてくるのである。その光を提案したのはドナルド・ショーンである。

2.2　ドナルド・ショーンの実証主義批判

　ショーンは仮説・検証・一般化という方法をもち、多くの分野で中心的な役割を果たしている実証主義を批判して次のように論じた。

自分の観察を説明するために、科学者は仮説、つまり見ることの出来ない世界の抽象モデルを構成した。このモデルは実験によって立証されるか否かを認める仮説演繹を通して間接的にしか検証することのできないものであった[15]。

つまり実証主義では、仮説をたてることができるものの、それは実験室という限られた場所でしか成立しえないものであり、複雑な関係が絡み合っている実践は説明できないというのである。そして実証主義では理論と技法を有効に使用できないような場面を排除してきたのである。例えばショーンは

　もっとおぞましいことに、援助に携わる専門家のメンバーは、専門家の援助に抵抗するようなクライエントを排除して、「問題のある借地人」とか「反抗的な子ども」というようなカテゴリーに追いやった[16]。

と、理論のあてはまらない対象を排除した実証主義の専門家を批判する。教育現場も同様であると考えられる。多様な子どもがいる教室で、多様な出来事が起きている。教室、学校はモデルや理論を応用できるかどうかという実証主義の世界ではなく、多様な子ども一人ひとりに個性的な教師が真摯に向かい合っていく場である。実証主義に限界を感じ、アクション・リサーチが注目されていくのも自然な動きであろう。

3. 実践知とは

　ショーンは実証主義を批判し、「実践の中の知（Knowing in action）」について新しい概念を提案する。

　知的な実践を手段決定への知識の"適用"として考える「技術的合理性」のモデルはひとまずわきにおくこととしよう。そうすれば、ある種の知が知的行為の中に本来的に備わったものだという考え方は、何らおかしいものではない。常識でも、ノウハウというカテゴリーは認められ

るものであるし、ノウハウが行為の"中"にあるということは常識を拡大解釈することでもない。例えば、綱渡り芸人のノウハウは、ワイヤーをつたって進む方法の中にあるし、また大リーグ投手のノウハウは、打者の弱点に向かって投げるとか、球速を変えるとか、ゲームの過程で自分のエネルギーをうまく配分するやり方の中にある[17]。

と述べ、行為の中にある知について説明する。そして実践の中の知について次のようにまとめた。

・無意識的に行う方法を知っている行為や認知や判断がある。すなわち行為の遂行に先行して、あるいはその間に、その行為、認知、判断について考える必要はない。
・私たちはこれらの行為や認知、判断を学習していることに気づかないことが多い。それらを行っていることに単に気がつくだけだ。
・行為の素材の感じに順に内化されていく理解に気づくこともある。また全く気づかないこともある。どちらの場合でも、行為が表す知を記述することは通常出来ない。[18]

3.1 実践知の暗黙的な側面

つまり実践者は何か出来事が起きたその瞬間に知的な行為を行っている。その行為の中に知は含まれているが、通常記述できないとショーンは述べている。

またショーンは行為の中の知 (knowing in action) について、有能な実践家は暗黙の認識と判断、そして熟練した振る舞いに依存している[19]と言う。

つまり実践家は暗黙的な知を用いて行為しているのである。暗黙知とはショーンも引用しているが、ポランニーの概念である。暗黙知の特性をポランニーは人相の例を挙げて説明する。

いかにもその人らしい人相 (=様相) は、目、鼻、口など、その人の顔の諸部分の意味なのだと言える。実際、私たちが、人相はその人独特の

雰囲気を醸し出すものだ、と言うとき、伝えたいのはそういうことなのだ。つまり、人相からその人が誰であるかを判断するとき、結局私たちは、目鼻立ちを感知して、その感触に依拠しながら、目鼻立ちの意味の合計に注意を払うことになる。こういうやり方はずいぶん回りくどいものに思われるかもしれない。なぜなら、顔の諸部分の意味は、他でもない、諸部分が据えられている場所で見て取れるのであり、したがって、頭の中で諸部分をその意味から切り離そうと考えるのは困難だからだ。それでも、諸部分（＝目、鼻、口…）と意味（人相）が別個のものだという事実に変わりはない。なぜなら顔の諸部分を個別にはっきりと言えなくても、私たちは人相を認識することができるからだ[20]。

つまり、目、鼻、口という諸部分の意味を合計して認識するものが暗黙知の特徴である。このような特徴をポランニーは諸要素を合同してできた意味に注目し、包括＝理解(comprehend)[21]することであると説明している。

教室の中の授業実践を考えてみよう。授業の中である出来事が起きた時、教師は即座にその出来事に反応しなければいけない。その反応は今までの教師の経験や、教師のものの見方が反映されたものであり、大変に知的な行為と考えられる。しかしそのような実践が数多く連なっているのでなぜそのような行為をしたのか、言葉で説明できない場合が多い。自分の実践をゆっくりと振り返ってなぜこのような行為をしたのかを考え、自分の行為の枠組みを変容することは可能であるが、多くの教師はそのような時間がなく、流れていってしまうのが通常である。

例えば著者が中学生の時、生物の授業で次のような場面に出会った。でん粉の糊化の説明の時、生物の教師は「米は冷えると固まってしまってとれなくなる。だから面倒くさがらずにお茶碗は早く洗ったほうがよい」と話した。その時に友人が「お茶碗をお湯につけておけばいいからすぐに洗わなくてもよい」という意味の発言をした。この時、教師は友人の発言が無礼な話し方であったせいもあると思うが、この意見を黙殺した。後で思えばでん粉の糊化の説明をする良い機会にもなっただろうと考えられるが、そこで黙殺してしまったので授業はそのまま流れていった。この教師の反応はこれで正

しかったのかどうかは生徒だった著者からはなんとも言えないが、この反応がこの教師の実践知であったことは間違いないだろう。

　ある場面が与えられた時自分がどんな反応をするのか、それは教師にとってとても重要なことである。それは深く考えて反応できるものではなく、まさに即座に反応しなければならない。つまり自分の教育観、人間観全てが一瞬に反応した行為であり、それがまさに教師の実践知として重視されるべきなのである。

3.2　実践知の状況的な側面

　実践知は客観的なものではなく、状況に埋め込まれたものである。状況論を主張したルーシー・A・サッチマンは、人間の行為の本質である状況的行為は、合理的プランに従った行動ではないとして次のように定義する。

> 　　この用語は、全ての行為のコースは、本質的なあり方で、物質的・社会的な周辺環境に依存したものだという見方を強調する。その環境から離れて行為を抽象化したり、合理的プランとして行為を表現することを試みるのではなく、むしろ、このアプローチでは、どのように人々が知的な行為を達成するために自分の周辺環境を用いるかを研究する。プランの理論から行為の理論を構築することよりむしろ、このアプローチの目的は、状況的行為が進行中にどのように人々がプランのための証拠を生み出したり、また見つけるのか、といったことを探求することである。[22]

　上記のようにサッチマンはプランが状況的行為の1つのリソースでしかないことを主張する。例としてサッチマンは、グラッドウィンの研究を挙げる。まとめると次のようになる。トーマス・グラッドウィンは、トラック諸島の島民が航行する方法について、ヨーロッパ人が航海する方法と対比した。ヨーロッパの航海士は海図に描いたプランから始め、全ての動きをそのプランに関係づけ、プラン通りに行うように努力する。それに対し、トラック諸島の航海者はプランではなく、目標から始まる。彼らは目標に向かって

出発し、発生する条件に合わせて航海する。風や波、潮流などの情報を利用し、それに従って舵をとる。彼は目標に至るのに必要なことを実行する。聞かれれば彼はいつでも目標を指し示すことができるが、コースを描くことはできない。[23]

　つまり、授業とは目標を達成するものであるから、目標をしっかりともっていれば、即時的な反応できちんと目標にたどり着くのである。また、時には反応の積み重ねによって目的自体が変化することもある。その即時的な反応ができるようなフレームを深めていくことが重要だと思うのである。教授法・指導法などのプランは1つのリソースでしかなく、授業を決定づけるようなものではない。様々な出来事に即時的に実践知で反応して、授業を作り上げているのである。

3.3　実践知の即応的な側面

　実践知をより理解するために、ベッカーが論じた即興ジャズの例を引きたい。授業を即興（improvisation）だというと場当たり的な、授業の準備の手抜きのような印象を受けるかもしれない。しかし、いくら準備をしても、いやその逆にいい準備をして子どもに考える力を育てていれば、教師の予想外のことは起こる。その時に自分がきちんとした反応ができるように常に自分を高める努力をしなくてはいけないのだ。しかし即興的という言葉は多くの誤解を招くので、ここでは即時に反応するという意味で「即応的行為」と呼ぶことにする。

　社会学者でもあり、即興ジャズ奏者でもあるベッカーは、人間の活動を即興ジャズに喩えている。即興ジャズとは仲間の音楽を聞きながらそこで自分なりの演奏を即興で考えていく。しかしその演奏が仲間の演奏と外れていれば演奏として成り立たない。仲間の演奏を聞いてそこで音楽がどのように進めばよいのか考え、それにあった演奏をしていくのである。

　さらにこの行為が複雑なのはその即興をバンドの全員がしているということである。仲間の即興の演奏を聞いて、そこから自分なりに即興して演奏していく。その演奏を仲間が聞いて演奏を変えていく。その結果楽譜どおりに演奏するよりも素晴らしい演奏が可能になるのである。まさにジャズのバン

ドがお互いに織りなす行為が即興ジャズと言えるだろう。このような行為をベッカーは次のように言う。

　注意深くお互いの演奏を聞くことにより、提示の中に集中し始めるものもあるし、中には発展させる方向と調和せず、失敗してしまうものもある。それゆえ演奏者は特徴的にどの演奏者の方向よりも集合的な方向のほうが大きいと感じるものを発展させるのである。それ自身が1つの生き物であるかのようにである。音楽を演奏する代わりに禅問答のように音楽が彼らを演奏しているかのように感じさせる[24]。

　このように即興演奏をしている時、自分たちが重要な聴衆になる。誰か他の人に後で演奏することを意図しているのにも関わらず、そして演奏中に目の前に聴衆がいるにもかかわらず、よい演奏に見せかけることや演奏を維持することを重視しない。自分自身の前に出された演奏に集中しているのである[25]。

　自分が音楽を演奏するのではなく、音楽が彼らを演奏している、というのは、まさに行為が状況に埋め込まれているということを表現している。自分が演奏者でもあり、聴衆にもなることにより、音楽を作っていくのである。だから演奏者は演奏がどんな方向に流れても対応できるよう、自分を高めておく必要がある。
　同じことが授業でも言える。子どもの発言を聞いて、教師も発問をする。その教師の発問を聞いて子どもも反応する。その複雑な行為によって授業が進んでいく。まさに子どもと教師がお互いに織りなす行為が授業と言えるのである。従って教師は子どもがどんな反応をしても対応できるように自分の力を高めていくことが求められてくるのである。しかし教授法、技術しか学んでいない教師はこのような場合に反応することができず、授業を成り立たせることができなくなってしまう。

4. フレーム分析

　このような実践知を研究する方法としてショーンはアクション・サイエンスを提案している。アクション・サイエンスは今までの実証主義的な方法とは異なり、1つの仮説やモデルを作るものではない。その1つの方法としてフレーム分析がある。ショーンはフレーム分析を、

　　実践者が問題と役割に枠組みを与える方法についての研究[26]

と定義する。また

　　暗黙知である実践知を実践者が批判的になるのを援助するための研究法[27]

とも言う。先の暗黙知の特性と組み合わせるならば、教室での出来事を教師が包括的に理解するための枠組みであるフレームについての研究と言うことができよう。

　このフレームに似た概念に、ゲシュタルト、スキーマ、信念(belief)がある。3つの似た概念と比較し、フレームとはどのようなものか、説明していくことにする。

　コルトヘーハンは教師の学びをゲシュタルト形成、スキーマ化、理論構築の3段階に分類し、説明している[28]。まずゲシュタルト形成とは、ある状況が、過去の類似する経験をもとに、あるまとまったニーズ、考え、感情、価値観、意味づけと活動の傾向を生み出すプロセスである。次に、スキーマ化とは概念と概念同士の関係性をまとめて、頭の中で枠組みを作り、その結果として形成されるものがスキーマであり、スキーマはゲシュタルトよりはるかに認知的な性質をもつとされる。豊かなスキーマを組み立てた人は、その構造を説明する必要性、を感じるようになるが、その段階を理論構築と呼ぶ。

　またコルトヘーハンは3段階の特徴について以下のように例を挙げる。

「なぜそうなのですか？」と問われれば、3つの段階の人の回答はさらに明確に差が現れます。ゲシュタルト段階の人は質問自体に驚いて「だって、そういうものなんです。」などと言います。スキーマ段階の人は、自身の述べた特定の特徴が的を得ていることを証明するために、例を挙げて説明することができるでしょう。理論段階の人は、自身の定義が必要かつ十分であることを示すために、論理的な議論を進めるでしょう[29]。

つまり無意識なままの状況をゲシュタルト、頭の中で枠組みができている段階をスキーマ、それが論理的にまとまっているものを理論と呼ぶことができる。コルトヘーハンが分類した3つは全て実践知であり、教師が教室での出来事を包括＝理解することであり、行為の一側面であるので、フレームと呼ぶこともできる。そのフレームの段階をゲシュタルト、スキーマ、理論と呼ぶと考えられる。つまりフレームを教師の学びという別の角度から段階的にとらえたものが先の3つであろう。

もう1つ、似た概念として信念(belief)がある。松尾は、信念を、対象(例えば自己や身の回りの環境)がどのような属性をもつのかについての認知である[30]と定義する。また信念は、個人の自己概念や行動を解釈する方法を規定するとも言われる。松尾は次のような管理職の例を挙げる。

　　　「最近の若者は怠け者だ」と信じている管理職と、「最近の若者は発想が豊かだ」と信じている管理職では、部下に対する対応は異なるだろう[31]。

このようなことから考えると信念は、実践知を規定はするが、実践知ではない。フレームは信念とは同義ではなく、専門家が行為する時の暗黙知であり、諸要素の包括的な理解である。そのため信念に影響を受けて、フレームが形成されていると言える。

以上のような概念の整理から、著者は以下のようにフレームを理解している。教師が無意識に、または意識的に実践の中に起こる出来事を包括＝理解し、行為につなげる際に、ある程度の基盤・基準ができているはずである。

その基盤・基準をフレームと考えている。フレームは教師の児童観・教師観・教育観といった教育的な知識だけでなく、教師が今まで生きてきた人生観・生活観、または信念（belief）などによって包括的に構成されている。教師のフレームを行為から明確にし、それを見つめ直すことにより、深めていく。その深めたフレームでまた実践を見つめ直してみる。このサイクルによって根本的な変容を長期的にとらえることができると考えている。

5. フレームとライフストーリー

4節までで見てきたように、ショーンは専門的実践家が行為を行うときの実践知をフレームと定義し、実践家の行為を分析している。著者はフレームを専門家としての行為という側面ももたせながら、それを専門家である個性ある個人の行為であるという側面を重視する。

教師の個性を尊重し、それを教師の専門性と結びつけたのはグッドソンである。

>　授業のように非常に個人的なものについて理解するには、その教師を個人として知ることが重要である[32]。

つまり、教師は交換可能ではなく、1人の個性ある人間であり、教師の個性を理解することが重要だと主張する。実践ではなく、それを行う教師という人間を研究する。そしてそれを教師のライフヒストリーにつなげていこうと言うのである。著者は教師の個性や経験を大切にするという考え方からライフヒストリーではなく、ライフストーリーを用いる。

やまだはライフストーリー研究を、以下のように定義する。

>　日常生活で人びとがライフ（人生、生活、生）を生きていく過程、その経験プロセスを物語る行為と、語られた物語についての研究と定義する[33]。

グッドソンは、

ライフストーリーは、その性格上、すでに人生の経験とは引き離されている、すなわちそれは解釈され、文章に起こされた人生である。ライフストーリーが表わすのは現実のごく一部であり、その中から選択されたものについて言っているにすぎない[34]。

と述べているように、ライフヒストリーの焦点は個人の真実を把握する[35]ことであるため、文献資料、関連する人々へのインタビュー、理論、書物、そして物理的な場所や建物などのデータをいわば「三角測量（トライアンギュレイト）」することで、ライフストーリーを歴史の中に存在する社会的現象として位置づける[36]。確かにライフストーリーは、ライフヒストリーのように、資料を用意してそれが真実であるかどうかという吟味は行わないので、個人の発言をそのまま信用し、拡大解釈しているように見える。しかし、本書ではそれが真実だったかどうかというよりは教師が自分の人生をどう意味づけたのか、つまりその個人がどう語るのかを重視する。例えばある個人が、作文が得意であったと言えば、それが客観的に得意でなくても得意であると意味づけたことがフレームに結びつく、いわば個人の中での真実になるので、そちらを重視していくというスタンスである。書では個人の真実というよりは教師が自分の人生をどう意味づけたのかを重視するため、ライフストーリーをフレームと結び付けて議論していく。
　グッドソンが

　　自己認識は自分の人生を吟味、内省すること、「私たちはどこから来たのか」を理解すること、そして私たちが獲得し、もっている信念、価値観や経験はどこで生み出され、どのようにして発達し、また自分の過去は現在や未来にどのような影響を与えるのかを省察することを通して得られる[37]。

と論じているように教師が自分の実践を振り返る際に、自らのライフストーリーと結びつけることで、自らが意識的に、あるいは無意識的に行動の基準としていたフレームを明らかにすることができるのではないかと考え

た。

　現実の教室で考えてみよう。自分のフレームを明らかにして授業を考え、実践している教師は、即応的に反応する自分の教育観・子ども観・学習観だけでなく、自分のライフストーリーなども含まれ、それが総合的に、互いに関連して構成されている。そこから問い直すことが実践を変えていくきっかけになる。自分がどんな授業をしているのか、子どもがどんな学習をしているのかを明らかにし、翻ってそのように見える自分はどうなのか、を考えるのである。自分がどのように変わったのか、また自分の課題は何で、これからどうしていかなければならないのかを反省的に考えるのである。従ってモデル構成を目指す心理学とは全く別の方向である。検証したり、範囲を絞ったりするのではなく、「自分はこんな人間で、このように物事を見ている」と主張するのである。しかし、研究は自分本位でやってはいけない。やはりていねいに自分の考えを批判してみたり、問い直して反省したりすることにより、自分のフレームを深めていく必要がある。

6.　アクション・リサーチの意義

　以上見てきたようなアクション・リサーチは特殊な一場面についての研究なので一般化することはできない。一般化するという考え方自体が実証主義的な考え方で、理論と実践を分離させ、現実の複雑な状況を無視するものである。一般化という考え方自体をしないと言った方が正しいかもしれない。ではなぜアクション・リサーチの結果を公表するのか、その理由として2点考えられる。

6.1　目の前の子どもの利益に

　1つ目は研究者であり、実践者である私の枠組みを変化させることにより、自分が教師として成長でき、目の前にいる子どもたちに利益を与えることができるということである。アクション・リサーチの研究の目的は、なぜそうなるのかを考えるのではなく、自分に何ができるかを考えることである。実践と分離した理論を構築するのではなく、自分が実践の中から積み上

げた実践知について研究していくことが、自分のため、そして目の前にいる子どもたちの役に立つ研究になる。多くの教育研究が、目の前にいる子どものためというよりは一般的な子どもたちのため、という建前で、論文を書きやすいテーマを探し、自分の業績をあげるために行われていたのとは、正反対の考え方である。目の前の子どもたちに今できることは何か、を考える研究をこれから広めていく必要があるだろう。フランスの教育者フレネも、

> 私たち初等学校の教師にとって、教育学とは〈クラスを構成する子どもたちにとって、もっともよい教育〉という観点に立つ指導の科学である。もっと簡単に言うなら、それは私たち自身の経験にもとづいて私たちがくだす「よき方向」の定義である[38]。

と述べているが、まさにその通りであると考えている。

6.2 読者のフレームの変容

アクション・リサーチを公開する理由について、横溝は以下のように論じている。

> 公開されたアクション・リサーチの実践報告を読んだり、聴いたりする読者・聴衆(他の教師)も恩恵を受けることができる。例えば、同じ教育機関内の教師同士で公開する場合は、共通の問題を抱えていることが分かったり、その問題の解決をその教育機関全体の問題と捉え、多くの教師が参加する「協働的アクション・リサーチ」が始まったりすることも少なくない。例え異なる教育機関に属する教師が読者・聴衆であっても、同様の問題を抱えていたり同様の試みにチャレンジしたりしていることが分かると、お互いを理解し、励ましあうという、今までの関係とは異なる関係が、それまではお互いを知らなかった公開者と読者・聴衆の間にでき上がる。そしてそれが、教育機関を越えた交流そして更に拡大したネットワークへとつながる可能性がある。そのためにも、公開されるアクション・リサーチの実践報告は、それを読んだり聞いたりする

側にとって、分かりやすく共感できる内容でなければならないのである。このような形で教師同士のより大きなネットワークが形成され、その中での対話が積極的に行われるようになると、それがまわり回って、よりよい学習環境として、学習者に還元されることになる[39]。

　極めて特殊な場合であったとしても、それを公開することにより、同じ悩みを抱えている教師の問題解決に唯一の方法を与えるのではなく、読者である教師が自分で解決案を生み出せるよう、フレームを提示するという意味で貢献できるのではないかと考えるのである。また研究者のグループに関しても、今までの実証主義的な研究では見えてこなかったものを新しく提示し、新たな研究を生み出すきっかけになることもできよう。

　「フレーム」とはある個人が現場で反応するもとになるような構えであり、それを公表するということは理論を提出するのとは大きく異なる。理論は唯一真実なものとして提出され、それを応用して実践をすることを教師に求めるものである。それを突きつけられた教師はそれに従い、自分の実践に応用していくわけであるが、その理論自体が正しいかどうかを考えたりすることは少ない。それどころか、現実と乖離した理論を理解することすらないかもしれない。それでは現場と理論はちがうという聞き旧されたフレーズを繰り返すだけになってしまう。

　それに対してフレーム分析から生まれた実践知は現場の詳しい記述なくては表現できないものであり、現場と結びついた著者の個人の知である。それが絶対的に正しいとは著者自身は考えてはいない。論文を読んだ読者である教師は、自分の実践に対する態度・フレームと比較することができる。フレームとは絶対的に正しいものとして提出されたものではないので、それを比較・検討することができるのである。またそこで表現されたフレームは、教室の具体性を多く含んだ実践知であり、具体から多様性を失った抽象的な知ではないので、多くの教師は理解しやすいだろう。これが実証主義の知との大きな違いである。その比較・検討を行った読者が自身のフレームを変更し、深めることができれば、この研究の価値があると言えよう。

　佐藤は「反省的実践家としての教師」[40]という概念を唱え、自分で考えて

実践をする教師像を理想としている。しかし社会や教師自身も専門家として自分で実践を考えるというよりは、与えられた理論や教材を用いて誰もができる教材を能率的に実践する「考えない教師」を求めている現状がある。どんな教師でもできる良いカリキュラム・実践方法・教材・プログラムが作られているのは、教師の能力に対する不信に他ならず、決まりきった方法を正確に教えることのできる「技術者としての教師」としてしか教師を見ていない。それは先にも述べたとおり、社会だけでなく、教師自身もそうである。著者が参加した研修会でも、教師の考え方を育てようとするよりは、教師とは離れた実践方法に焦点があり、そこでどの教師もできる理想的な実践方法を作ろうとしていた。研修に参加した教師たちにも明日以降の実践にすぐ応用できる技術を学んで帰りたいという雰囲気があった。確かに技術が必要な時も多くある。しかし技術よりも重要なのはフレームではないか。教師が別の教師のフレームを知り、自分のフレームを深めていくことが、教師の実践を変える根本ではないかと考えている。

7. アクション・リサーチの方法

では実際にどのような方法で研究を行えばよいのだろうか。国語科教育でアクション・リサーチに実際に取り組んだ研究は見つけることができなかった。他分野の研究をいくつか取り上げて説明していく。

7.1 日本語教育から

半田は東京学芸大学に在籍する留学生16名を対象にし、異文化トレーニングとCLLの共通点をとらえ、統合した実践を行い、授業を変えていこうとする研究を行った。学生に授業に対する評価をしてもらい、それを参考にしてよりよい教授法を考えている[41]。

この研究にはリサーチトピックがあり、それを評価により、検証していくという手法がとられている。しかしこれには大きな問題が隠されている。それはアクション・リサーチが反実証主義から生まれた手法であるのに、実証主義的な手法を使っているということである。

人間の行為には多くの要素があり、1つの要素を原因として人間の行為を容易に語ることは危険である。その結果が本当に授業の変化に対する評価なのかは明言できない。条件が統制されていないのに、何をもって教授法が効果的と言い得るのか、はっきりしないのである。半田も「CLL の方法を異文化トレーニングに取り入れたことが、本当に効果的であったかどうか疑問であり、不安でもあった[42]。」とは言うものの、そこを深く追究してはいない。

それから実証主義的な研究をすれば、論文の結論は当然教授法になる。しかし著者は安易に教授法を構築することに対して反対の立場をとる。佐藤は、専門家としての教師の力量は実践における「省察」と「熟考」の「実践的見識」に求められている[43]と言う。教師が実践を即応的行為で行うと考えれば、教師が実践を変革するために必要なのは、その行為を行う基盤となるフレームである。優れた実践や教授法を生み出す教師は、その基に優れたフレームをもっているはずである。そのフレームを無視して、その結果だけ、教授法だけを身につけると、それを実際に用いる場合に、現場の状況にあわせてその意義を消してしまったり、曲げてしまったりする。そして何より、教師としての成長がない。優れた実践をするためには、その教授法を学ぶだけでなく、フレームを明らかにし、独自の教授法を生み出せるようにするべきである。確かに実践例を知り、そこから自分なりのものを作っていくのもいいだろう。しかし実践研究の多くが、半田の研究に代表されるようにフレームをお互いに公開し、高め合おうというよりは、明確な教授法をうちだし、それを使ってみよ、という方向性では、教師の実践を考える力をなくしてしまう。このような研究から考えられるのは、はっきりした教育内容、教授法をどのように効率的に用いるのか、という技術論になってしまう。

7.2 環境教育から

高城・原子は中学3年生理科における環境教育の授業実践研究を、アクション・リサーチを通して行った[44]。具体的には「生物のつながり。自然界の調和」という単元において、子どもたちに「内省ノート」を強制的ではない形で書かせ、それを見ながら授業を変えていくという研究である。この研

究では実践者のフレームの変容がはっきりと表れている。
　例えば次のような記述がある。

　　今まで、リサイクルやゴミ拾いに安易に流れてしまう「行動化」を批判しながらも、著者自身まだまだ"改善に向けた具体的な行為"を「行動化」と考えているところがあり、「調査や学習」を無意識の内に「行動化」から排除していたことに気づかされたのである[45]。

　　「地域とは何か」についてはあまり深く考えずに、安易に「新松戸」というくくりで考えてきたことを生徒の声から気づかされた。つまり、「食物連鎖をどの範囲で考えるべきか」という課題である。そこにいる生物がどこまで働くのかにも関係し、子どもたちが自然をどの範囲で意識しているのかにも関係してくるだろう。また、生物をどこまで把握しているのかという問題にもなっていくが、環境の広がりに目を向け、「地域とはどこまでを指すのか」などもう一度考えていく必要がある[46]。

　これは自分の中で「行動化」「地域とは何か」という言葉の意味が変容し、自分の中の授業を考えるフレームが変容したことを表していると言える。またこの研究を「ゆるやかなカリキュラム」と表現し、明確な教授法ではなく、教師が実践を作る上で考えるべきことを提示している。高城らは以下のように「ゆるやかなカリキュラム」を説明する。

　　ここで提案する「ゆるやかなカリキュラム」とは、
　①環境教育として、独立したカリキュラムをたてるのではなく、発達段階や教科の進度を考慮して、既存の教科のカリキュラムの中に埋め込むように環境教育を位置づけていく形で組み立てること
　②必修理科、選択理科、他教科とのクロスカリキュラム、総合的な学習の時間などを有機的に結びつけ、どの教科のどの時間に扱うかを固定しないこと
　③生徒の関心や自主性を重んじ、学習の流れによっては計画していても

扱わなかったり、軽重を加減したりするなど、弾力的な扱いをすることを教師が意識して、進めていくカリキュラムである[47]。

　ここで注目すべきなのは授業に明確な教授法を提示するのではなく、教師が意識して進めていくことを記述しているということである。多様な状況に対応できる自分のフレームを記述しようとしているのである。そのためには自己反省・省察は必要不可欠である。この論文には「反省」という言葉が何度もでてきて、自分の有り様、自分の使っている言葉の意味について内省を行っているのである。
　ただこの「ゆるやかなカリキュラム」が授業を「弾力的にとらえる」など授業観、カリキュラム観で終わってしまっている。授業を状況的にとらえる視点をもつようになったことがここからわかるが、それをもつことによって教師のフレームがどのように変わったのかを詳しく論じれば、より実践者が読むときに自分のフレームを深められるであろう。確かに「行動化」「地域とは何か」の意味が変容したことは論文から読み取ることができる。しかし、そこを中心に論文を組み立てた方が意義ある論文だったのではないだろうか。なぜならば実践者がこの論文を読んだとき、主に環境教育に興味をもつ人が読むのだろうが、「ゆるやかなカリキュラム」は結論としては抽象的すぎる。環境教育の重要な用語、「行動化」「地域」という言葉について吟味をしたのであるから、そこを中心に議論をすべきではなかったか。言葉の意味が変わったことによって、どんなことが見えてきたのか、を記述するべきなのである。
　もう1つ、ここで考えておかなければならないのは、アクション・リサーチを語る言葉についてである。アクション・リサーチは教室の多様な状況を記述しなければならない。その時に「ナラティブ様式」という語り方が必要になってくる。ナラティブ様式については序章でも述べたが、重要な概念なのでここで繰り返しを恐れず論じることにする。佐藤は

　　実証主義の科学が客観的で普遍的で脱文脈的な認識を「パラダイムの（命題的）様式」で表現するのに対して、「ナラティブの（物語的）様式」

は、主観を尊重し個人的で特異的で文脈に繊細な認識を語りの様式で表現している。前者は科学的認識、後者は文学的認識と言ってもよい。この物語認識は、ポスト実証主義とポスト構造主義を基礎として、新しい人文社会科学の方法論として着目されつつあり、教育研究においても、教室の経験の意味の解読や教師の自伝の研究などを中心に活用されている[48]。

と論じ、主観的なものを表現するときにナラティブ様式を用いると言う。また秋田・市川は

　実践研究では関与した人だからこそ、行動ややりとりを意味あるまとまりをもつ単位で認識し、出来事として分節化し、エピソードとして生き生きと状況を描出できる利点がある。それは、誰が見ても同じ記述なのではなく、時や場を共有していた人だからこそ記述できる面をもつ[49]。

と論じ、できごと、エピソードを生き生きと描き出すことが重要だと言っている。例えば黒板を見ている子どもを「彼は3秒間黒板を見た」と記述するのか、「彼は黒板に書かれた友人の意見に興味をもち、のめり込むように見ながら、自分だったらどうするか、考えていた。」と記述するのか、の違いである。確実に言えることは「彼は3秒間黒板を見た」ということだけである。それにその状況にいた教師がその行為に意味づけをして記述したのが、後者「ナラティブ様式」である。ただナラティブ様式には教師の主観が含まれている。実際は興味をもって見ていなかったのかもしれない。したがって恣意的解釈に陥っていると指摘される危険性もはらんでいる。鯨岡は

　まったくの危うい綱渡りの一面をもち、まかり間違えば、恣意性や曖昧さ、あるいは独りよがりに陥りかねない。(中略)観察者の誠実さという倫理性に全面的に依拠せざるを得ないことになる[50]。

と述べ、実践者が自ら語ることの危険性を指摘する。そのため教師は常に

自分の主観で見ているということ、その危険性を忘れてはならない。だから自分の見方について深い省察をしなければならないのである。やまだは

> 数量的データでは研究者の個性が消える方が良いデータだが、質的データでは研究者の個性が最大限に生かされる方が良いデータである[51]。

> 過去の記憶の強調点の変化には、語り手自身の「現在」が反映されているのではないだろうか[52]。

と言う。まさにその通りで、資料に自分が表れてくるのである。それは自分の主観、自分の実践者としてのフレームである。それを省察しなければならないのである。その省察、自己反省は多くの声、意見を聞いて行うべきである。定義された言葉をもたず、自分の曖昧な言葉で解釈するだけでは、自分を見つめ直すことはできない。したがって結果を公表し、多くの方の意見を聞くのだが、それだけでは無責任である。自分で恣意的にならないような努力をしなくてはならない。そのためには多くの文献を読み、多様な立場から出来事を見る多声的な論文を書かなくてはならないだろう。

このようにアクション・リサーチの記述の仕方について考えてきたが、高城らの論文はどうだっただろうか。高城らは内省ノートを用いて、子どもの思考を考えているが、授業における出来事が記録されていない。授業では多くの出来事があり、そこで教師は反応しているはずであるが、その記述が1つもない。それから自分のフレームについて内省はしているものの、多声的な論文になってはいない。引用文献が1つもないのである。やはり恣意性をなくし、アクション・リサーチを研究として成立させるためには自分の言葉だけではなく、他者の言葉を引用しながら、自分を常に反省する姿勢が必要だろう。

やまだは「相互主観性」という概念を使い、相互主観性とははじめは個人の主観に発するものであっても、その個人の主観を越えて、個人相互間の共通性、一致性を獲得して、公共性、共有性を備えることが大切だとしている[53]。自分の研究を自分のものとして終わらせず、読者に理解してもらうた

めには、具体性も大切だが、言葉の意味をある程度制限していく必要がある。そのためには特に重要な概念に関しては多様な立場から引用をして、はっきりと読者に伝わるようにしなければならないだろう。

8. 教師学習的アクション・リサーチの方法論
―国語科教育にアクション・リサーチを導入するにあたって

　以上2つの分野のアクション・リサーチを概観してきた。アクション・リサーチには様々な方法論があり、佐藤が言うように、今では研究者が教師と協同関係を築いて展開する実践的研究を「アクション・リサーチ」と呼ぶことも多い[54]。国語科教育でアクション・リサーチを導入するにあたり、佐藤の指摘するような研究者と実践者が協同的に行う研究という広い意味でのアクション・リサーチと区別するため、教師が子どもから学ぶ方法論を、教師学習的アクション・リサーチと呼ぶことにする。具体的な特徴として以下の3点が挙げられる。

8.1　フレーム分析―人を対象にする研究

　研究の目標は、理論・モデルを作ることでも、指導方法を定めることでもない。一般化を目指さないので、授業をしている自分がどんなフレームをもっているのか、を明らかにすることが目標である。そのフレームを明らかにして、それを反省的に考えるのである。ここでいう反省とは2つの意味がある。

　1つは実践中の反省である。教師は実践中に反省し、実践を変えることがある。例えば分数の意味を教える時に、ケーキを切った図で説明していたが、子どもの反応があまりよくなかったので、紙テープを切って説明することにした。この行為は実践中に子どもの反応を見て、即応的に反応したものである。このような行為はショーンの言う「実践の中での反省 reflection in action」である。それに対し、実践を行った後、その「実践知」がどのようなものであったか、言語化し、省察することもある。それを「実践についての反省 reflection on action」と呼んでショーンは区別している。

著者は、無自覚にしている「実践の中での反省」を言語化するために「実践についての反省」があると考える。「実践についての反省」を行うと、最終的には「そのように考えている自分はどんな人間なのか」という自己反省につながる。一度自分について深く考え直す自己反省をすることにより、自分の中にある根深い思いこみを取り除くことが可能になる。そのような自己反省を行うことにより、自分のフレームをより深めることができるだろう。

　これは国語に限らずどの教科でも言えるが、とりわけ国語では子どもの意見を取り入れて、授業を作っていく、読みを深めていく活動が多い。そのような授業では子どもの発言を受け、教師は即座に判断してそれを発問につなげ、授業を作っているはずである。

　このような学習はプロジェクト学習と言われる。イタリアの小さな村レッジョ・エミリアの教師たちは、プロジェクト学習を提唱している。行動主義に基づいた、決まった内容を効率よく教えるプログラム学習に対し、子どもと共にその場で考えながら作っていくような授業をプロジェクト学習と呼ぶ。レッジョ・エミリアのペダゴジスタ、マラグッティは次のように言う。

　　私たちの学校には、行動主義者が好む単元と小単元で計画されたカリキュラムは、これまでもありませんでしたし、今もありません。そのようなカリキュラムは、学びなしで教える活動へと学校をかりたてるでしょうし、形式や模倣や、気前のよい販売業者のいる出版社のハンドブックにゆだねることによって、学校や子どもを貶めてしまうでしょう[55]。

また、

　　教師たちは計画ではなく、子どもに従っています。目標は重要ですし、視野から消えることがないでしょうが、もっと重要なことは、なぜそしてどのように目標に到達するかにある[56]。

と述べ、プログラム学習を批判している。元来国語では、個別の読みが大切にされ、プロジェクト的な教育が行われていたはずである。例えば関口は

文学のテクストは、学習者と一体となって変容する。彼の想像力によって伸び縮みするのである。教材本文から逸脱しない限り、どのような〈読み〉も許容される。そうした〈読み〉を保障する時、学習者は教材の中に自己を解放し、教材本文の呼びかけに応じて〈対話〉する。その意味で、テクストの中での自己表現に期待することこそが、〈読み〉を取り戻し、活性化させる道につながると言えるのである[57]。

と論じ、読者論的な「読み」の指導の重要性を主張した。学力論争の陰で日本が長く保ってきた個を大切にする授業を見直す機会として、プロジェクト的な教育を再評価すべきであろう。そのためにはこのような教師が行ってきた授業を文章化し、広めていく必要がある。そのために教師学習的アクション・リサーチによるフレーム分析は有効なのである。

　ただここで注意しておきたいのは、教材研究をしなくて良いという意味ではない。教材研究をし、文学教材や説明文などの教材における教師の読みを深めておくことは重要だ。そのような理解がなければ教師は子どもの発言に反応できない。しかし教材研究と同時に、子どもの発言に反応するフレームを高めていくことも大切であろう。今までの国語研究はどちらかと言えば、教材研究が主だっただけに、教材だけではなく、人を対象としたフレーム研究をこれから積み重ねていかねばならないだろう。

8.2　記録をとる「出来事」を記録し、ナラティブ様式で自分を語る

　教師学習的アクション・リサーチは教師が行為しながら行う研究である。そのために自分がどんなことを考えていたのか、子どもがどのような学習活動をしたのか、記録を残して考えなくてはならない。ビデオ、子どもの文章・評価、教師の日記などが資料として扱われている。しかし国語教育では授業記録をとることはあっても、そこでの子どもの動き、教師の発問の裏に潜むフレームを対象に語られることはなかった。例えば今著者の手元には「スイミー」の教材研究と授業記録[58]があるが、授業記録に教師と児童の発言はきちんと記録されているが、子どもの活動や教師の動きなど、教室での「出来事」が書かれていない。出来事の背後には必ず教師の思い、フレーム

が浮かび上がってくる。児童の発言記録だけでは授業の奥に潜む教師のフレームを分析できない。他の授業でも使える指導法や、教材の読み方などの指摘は書かれているが、根本的な教師や子どもに対する記録がないのである。国語では言語を使って授業を行うことがほとんどなので、その言語に注意がいってしまうことが多いのだが、教室で起こっている「出来事」についての記録も残すことが必要だろう。当然そこでの出来事を記録する場合は出来事として理解できるようにナラティブ形式で書かなくてはならないだろう。

　ただ教師学習的アクション・リサーチは基本的に言語で記録をするため、国語科において子どもの言語の扱い方が困難になる。ほとんどの質的研究は、言語を調査資料とし、言語を通して見えてくることを語るのだが、国語の場合はその資料を育てる教科である。表現が変わった要因が発達なのか、表現力がついたからなのか、厳密に区別することはできない。実証主義的国語教育研究が表現の内容まで踏み込めなかったのはそういう理由もある。表現の変容を原因・結果の因果関係で単線的に捉え、モデル化することが不可能だからである。しかし表現力と発達を一体的にとらえ、明確な因果関係でとらえないナラティブ様式で語ることにより、このジレンマから抜け出すことができる。やまだは、ナラティブ様式で語った物語を

　　「物語」を2つ以上の出来事(event)をむすびつけて筋立てる行為(em-plotting)[59]

と定義する。また、この「物語」において

　　個々の要素が同じでも、それをどのように関連づけ、組織立て、筋立てるか[60]

といった意味づけが大きな役割を果たすと言う。子どもの表現と子どもの発達に明確な因果関係を説明することは困難である。しかしそこに何らかの動的な関係を教師は発見することができる。その関係は、正しいのかどうか

という実証主義的な視点では記述することができない。その関係をどう意味づけるのか、というナラティブ様式で語ることにより、その教師なりの意味づけをし、記述することができる。ナラティブ様式で語り、その記録に表れている自分のフレームを分析し、反省をする。つまり研究の方向を変えて、子どもの行為をモデル化する外向的な研究ではなく、自分のフレームを反省する内向的な研究をすることにより、この複雑な状況を記述することが可能になるのだ。

8.3 共有できる論文を書く―読者である教師へのフレームの公開

　先にも述べたように、フレーム分析を公開することには2つの意味がある。1つは自分のフレームを公開して、批判を受けることにより、自己本位の研究でないようにすること、2つ目は読んだ教師が自分のフレームと比較して、自分のフレームを深めるきっかけとするということである。当然読者に理解できるような論文を書かなくてはいけない。しかし国語教育や実践研究では、理論に偏りすぎて具体性が欠けるか、実践に偏りすぎて語義が曖昧になるかのどちらかであることが多い。先に挙げた高城らの研究は引用がなく、語義が曖昧である。だから語義を、引用などをしてしっかりと定義しながら、具体的な事例を多く書き語っていく必要があるだろう。そのためには子どもの作品、教室での出来事を記録することが重要になってくると考えている。

注

5　佐藤学『教育方法学』(岩波書店 1996)　p.189
6　岡崎敏雄　岡崎　眸『日本語教育の実習：理論と実践』(アルク 1997)　p.19
7　横溝伸一郎『日本語教師のためのアクション・リサーチ』(凡人社 2000)　p.17
8　秋田喜代美「アクションリサーチによる教室研究の試み」『児童心理』2002　p.118
9　伊藤哲司「現場への誘い」『現場心理学の発想』(新曜社 1997)　p.9
10　伊藤哲司「現場への誘い」『現場心理学の発想』(新曜社 1997)　p.9

11 やまだようこ「モデル構成をめざす現場心理学の方法論」『現場心理学の発想』(新曜社 1997 年) p.168
12 Howard S. Becker (2000) Examples and Generalizations, *Mind, Culture, and Activity* 7 (3), pp.197–200
13 Howard S. Becker (2000) Examples and Generalizations, *Mind, Culture, and Activity* 7 (3), pp.197–200
14 やまだようこ「モデル構成をめざす現場心理学の方法論」『現場心理学の発想』(新曜社 1997 年) p.165
15 ドナルド・ショーン 1983『専門家の知恵』佐藤学　秋田喜代美　訳(ゆみる出版 2001) pp.44–45
16 ドナルド・ショーン 1983『専門家の知恵』佐藤学　秋田喜代美　訳(ゆみる出版 2001) p.66
17 ドナルド・ショーン 1983『専門家の知恵』佐藤学　秋田喜代美　訳(ゆみる出版 2001) pp.78–79
18 ドナルド・ショーン 1983『専門家の知恵』佐藤学　秋田喜代美　訳(ゆみる出版 2001) p.86
19 ドナルド・ショーン 1983『専門家の知恵』佐藤学　秋田喜代美　訳(ゆみる出版 2001) p.77
20 マイケル・ポランニー 1966『暗黙知の次元』高橋勇夫訳(ちくま学芸文庫 2003) p.31
21 マイケル・ポランニー 1966『暗黙知の次元』高橋勇夫訳(ちくま学芸文庫 2003) p.33
22 ルーシー・A・サッチマン 1987『プランと状況的行為』監訳　佐伯胖(産業図書 1999) p.49
23 ルーシー・A・サッチマン 1987『プランと状況的行為』監訳　佐伯胖(産業図書 1999)「はじめに」から
24 Howard S. Becker (2000) The Etiquette of Improvisation, *Mind, Culture, and Activity* 7 (3), pp.171–176
25 Howard S. Becker (2000) The Etiquette of Improvisation, *Mind, Culture, and Activity* 7 (3), pp.171–176
26 ドナルド・ショーン 1983『専門家の知恵』佐藤学　秋田喜代美　訳(ゆみる出版 2001) p.175
27 ドナルド・ショーン 1983『専門家の知恵』佐藤学　秋田喜代美　訳(ゆみる出版 2001) p.175

28　F. コルトヘーハン 2001『教師教育学』武田信子監訳（学文社 2010）pp.194–207
29　F. コルトヘーハン 2001『教師教育学』武田信子監訳（学文社 2010）p.217
30　松尾睦『経験からの学習』（同文館出版 2006）p.10
31　松尾睦『経験からの学習』（同文館出版 2006）p.33
32　アイヴァー・F・グッドソン 2001『教師のライフヒストリー』2001（編訳　藤井泰　山田浩之　晃洋書店 2001）p.22
33　やまだようこ「人生を物語ることの意味―なぜライフストーリー研究か―」『教育心理学年報』第 39 集（2000）pp.146–147
34　アイヴァー・F・グッドソン 2001『ライフヒストリーの教育学』編訳　高井良健一　山田浩之　藤井泰　白松賢　訳 2006）p.16
35　アイヴァー・F・グッドソン 2001『教師のライフヒストリー』2001（編訳　藤井泰　山田浩之　晃洋書店 2001）p.18
36　アイヴァー・F・グッドソン 2001『教師のライフヒストリー』2001（編訳　藤井泰　山田浩之　晃洋書店 2001）p.119
37　アイヴァー・F・グッドソン 2001『ライフヒストリーの教育学』編訳　高井良健一　山田浩之　藤井泰　白松賢　訳 2006）p.106
38　セレスタン・フレネ 1969『フランスの現代学校』（訳　石川慶子、若狭蔵之助　明治図書出版 1979 年）p.18
39　横溝伸一郎『日本語教師のためのアクション・リサーチ』（凡人社 2000）pp.32–33
40　佐藤学『教育方法学』（岩波書店 1996）p.141
41　半田淳子「異文化トレーニングと CLL の統合授業の取り組み」『東京学芸大学紀要　第二部門』2002　pp.127–132
42　半田淳子「異文化トレーニングと CLL の統合授業の取り組み」『東京学芸大学紀要　第二部門』2002　p.131
43　佐藤学『教育方法学』（岩波書店 1996）p.138
44　高城英子　原子栄一郎「アクションリサーチによる中学三年生理科における環境教育の授業実践研究」『環境教育』2004　pp.31–39
45　高城英子　原子栄一郎「アクションリサーチによる中学三年生理科における環境教育の授業実践研究」『環境教育』2004　p.37
46　高城英子　原子栄一郎「アクションリサーチによる中学三年生理科における環境教育の授業実践研究」『環境教育』2004　p.38
47　高城英子　原子栄一郎「アクションリサーチによる中学三年生理科における環境教育

の授業実践研究」『環境教育』2004　pp.38-39
48　佐藤学『教育方法学』(岩波書店 1996)　p.196
49　秋田喜代美　市川伸一「教育・発達における実践研究」『心理学研究法入門』(東京大学出版会 2001)　p.165
50　鯨岡峻『関係発達論の構築』(ミネルヴァ書房 1999)　p.148
51　やまだようこ「モデル構成をめざす現場心理学の方法論」『現場心理学の発想』(新曜社 1997)　p.181
52　やまだようこ「同時代ゲームとしての現場心理学」『現場心理学の発想』(新曜社 1997)　p.25
53　やまだようこ「モデル構成をめざす現場心理学の方法論」『現場心理学の発想』(新曜社 1997)　p.180
54　佐藤学『教育方法学』(岩波書店 1996)　p.189
55　編 C. エドワーズ、L. ガンディーニ、G. フォアマン 1998『子どもたちの 100 の言葉』訳　佐藤学　森眞理　塚田美紀(世織書房 2001)　p.133
56　編 C. エドワーズ、L. ガンディーニ、G. フォアマン 1998『子どもたちの 100 の言葉』訳　佐藤学　森眞理　塚田美紀(世織書房 2001)　p.134
57　関口安義『国語教育と読者論』(明治図書 1986)　p.22
58　『実践国語研究　別冊　スイミーの教材研究と全授業記録』(明治図書 1989)
59　やまだようこ「人生を物語ることの意味―なぜライフストーリー研究か―」『教育心理学年報』第 39 集 2000　p.147
60　やまだようこ「人生を物語ることの意味―なぜライフストーリー研究か―」『教育心理学年報』第 39 集 2000　p.148

第 2 章
教師学習的アクション・リサーチの実践
作文教育におけるフレームの変容

　1章の理論をふまえ、著者は実際に作文教育をテーマに、実際に教師学習的アクション・リサーチを行った。その中で見えてきたことを論じていくことにする。

1. 実践の場について

　著者が実践を行ったのは、東京都にある私立T小学校である。この学校は、川や自然に囲まれ、学校でもクワガタが捕まえられるほど、自然が残っている。
　2002年に採用された著者は、その前に荒川区で非常勤講師をしたことはあったものの、初めての担任として子どもたちに出会ったのである。各学年2クラスあり、1クラスの人数は、転校生などで増減はあったが、ほぼ40人で、男女ほぼ同数である。著者が2002年度に担任した学年は3年生で、次の2003年度はそのままもち上がって4年生を担任した。なお作品中の児童名は仮名である。

2. 実践の物語化―実践の意味が明確に

　まず、教師学習的アクション・リサーチで行うべきことは実践を物語として意味づけることである。子どもの変容や、作品の変容、著者の変容を、物語として結びつけることが研究の始まりとなる。著者は当初、実践に曖昧な意味しかもたせていなかったため、子どもの作文を意味づけて読むことができなかった。しかし、物語として語ることにより、実践における意味が明確

になり、実践が変わっていくことが実感できた。

2.1 2002年度

作品が大きく変容した子どもがいる。しゅんた(仮名)は3年生の最初、次のような作文を書いた。

作文1　運動会　しゅんた(3年生5月)

　運動会のれんしゅうではこんなれんしゅうをしました。花がさおんど、竹とりウォーズ、たんきょり走、大玉ころがし、よ行などれんしゅうしました。そしてとう日5月25日の運動会の日になりました。
　プログラム①全校体そう②大玉送り③たんきょり走5年生④3色玉入れ12年⑤たんきょり走6年生⑥竹とりウォーズ34年⑦いきまっしょい12年⑧ラケットリレー⑨エールのこうかん⑩3色玉入れ父母⑪たんきょり走34年⑫コーラスライン⑬たいこうリレーなどをやりました。それからお昼ごはんを食べました。プログラム⑭大玉送り⑮大玉送り父母⑯きばせん56年⑰かけっこ12年⑱わくぐりきょう走⑲花がさおんど34年⑳組み立てたいそうを運動会でやりました。だけど白組がかっちゃってくやしかったです。だけどとても楽しかったです。運動会すごくがんばりました。それに走る時びりじゃなくてよかったです。がんばるといいことがあると分かりました。

　しゅんたはプログラムを見て、運動会のプログラムを全て書いている。当初の著者は、子どもたちに「気持ち」を書くように伝えてはいたものの、どのような状態を「気持ち」を書いていると呼ぶのかがはっきりとしていなかった。実践家はフレームをもって実践をとらえ、即座に反応する。しかしこの時点の著者は、子どもの作品をとらえる視点が浅かった。子どもに「気持ち」を書いてほしいとは思っていても、そのためにどのような実践をすればよいのか、子どもにどのような言葉かけをすればよかったのかという具体的な手だてがなかったのである。いや、そのような手だてを生み出すために必要な子どもの作品の見方、作文観すら確立していなかったのである。実践に対する意味づけが曖昧であれば、当然のことであろう。

2.2　2003年4月　大学院での演習

　この年の4月から著者は大学院に通うようになったが、その中で次のような演習があった。世田谷区立小学校の児童の書いた詩を数点読んで、その中で一番いいと考える詩を1点選ぶというものだ。そのとき著者が選んだのは次の詩だ。

かげ(1年・女子)
たいようの　ひかりで　できる　かげは、
うすくって　あたたかい　かげ。
でんきの　ひかりで　できる　かげは、
くろくて　やさしい　かげ。
月の　ひかりで　できる　かげは、
白くて　こわい　かげ。
わたしは　たいようの　ひかりの　かげが　すき。
わたしが　はしると　かげは　おいかけてきた。
わたしが　すわったら　小さくなって　くっついた。

　著者は、子どもが光やかげを自分なりにとらえ、個性的に表現したと考え、この作品を選んだ。特に「白くて　こわい　かげ」という言葉の感覚、リズムに惹かれたのである。この時著者は、子どもの思考を大切にすると言いながら、無意識に技巧的に上手なものを選んでいた。しかし他の大学院生の選んだ詩は異なっていた。それは次のような詩であった。

おとうさんのとこや(1年・男子)
このあいだの　日よう日　おとうさんに
さんぱつを　してもらいました。
おにいちゃんが、
「フランケンシュタインだ。」
と、いいました。
おかあさんは、

「けんかに　つよそう。」
と、いいました。
ぼくは、かがみを　みて
「きりぎりすだよ。」
と　いいました。
おとうさんは、
「これで　いい。」
と　とくいそうに　いいました。

　しかもこの作品は多くの世田谷区の小学校の教員の支持も得たという。その時のショックは大きかった。自分が今まで気がつかずにいた大きな問題点を突きつけられたような感覚であった。この詩には、子どもの生活と思考・感情が自然に表れている。この詩を書いた時の子どもの喜び、この詩の背景にあるほほえましい家族の様子が、素直に表現されている。しかし著者は詩を表面的にとらえてしまっており、詩の背後にある子どもの姿、家族の姿を見ることができなかった。書き手の児童についての背後情報を作文から容易に推測できるか否かが、教員と大学生の評価観の相違を証明する際の重要な要因の１つであるという研究結果もある[61]。著者は教員であるにもかかわらず、大学生のような読み方をまだしていた。曖昧で恣意的な基準で作品を見ていたことに気がつかされたのである。そして子どもの考え、気持ちのこもった文とはどういうものなのか、自分なりに考えていこうと考えたのだ。
　著者はこの後、ビゴツキーの「自覚」という言葉を知る。「自覚する」ことについてビゴツキーは次のように述べている。

　　　　実際何かの操作を自覚するということは、それを行動の局面から言語の局面へ移行させること、すなわち、それをコトバで表現できるように想像の中で再現することを意味する[62]

　著者はそれを発展させ、自分の行為や出来事に自分なりの意味を付け加え、物語とすることを「自覚」と考えている。このような「自覚」的な文章

を「気持ち」が書かれた文章として認識することができるようになった。実践を意味づける言葉を獲得し、実践の意味が明確になってきた。

2.3　作文の時間の創設 2003 年度 1, 2 学期

　大学院入学と同時に、子どもと共に成長しようという姿勢で、「作文の時間」を行うことにした。具体的には①毎週金曜日に書く、②自由な題材で書く、③コメントを書く、④自分の気持ちを書く、⑤よい作品を子どもに配る、の 5 点を視点として作文教育実践を行った。しゅんたの 4 年生 1 学期の作品は次のような作品である。

作文 2　遠足　しゅんた(4 年生 4 月)
　金曜日に水の科学館と船の科学館に行きました。
　水の科学館ではしずかな夜に下水道の水がもれていないか調べていることを知りました。ふだんから水を大切にしようと思います。船の科学館では船の中を見ました。見たことのないところもありました。本当は奥多摩湖にいくはずだったけど雨で船の科学館と水の科学館になりました。奥多摩湖に行ってみたかったです。

　しゅんたの 1 学期の代表的な作品である。自分の考えが少し出てきて、自分の行為の意味づけが行われるようになってきた。水の科学館に行ったという行為に、「水を大切にしようと思います。」という意味づけを行うことができている。しかしこの作品にしゅんたの主張は感じられない。出来事を羅列し、それぞれに自分なりの意味づけを行っているだけで、1 つの主張をするための文章にはなっていない。
　それが変わったのは 2 学期になってからである。それが 2 学期の最初の作文の時間に詩を書いた時に作ったのが作文 3 である。

作文 3　夏の終わり　しゅんた(4 年生 9 月)
夏の終わりの海の音が
秋が近いことを教えて

くれました。
夏のにおいは秋の風に
のっかってどこかに行ってしまいました。
そのにおいはもうかげない
かもしれません
初めて聞いたのは
秋の風の音でした。

　著者は非常に驚いた。今まで事実羅列型の文しか書けなかったしゅんたが、夏の終わりにテーマを絞った作品を書いてきた。確かに抽象的・観念的な詩という見方もあるだろう。彼は体も小さく、痩せていて体を動かすことは大の苦手であった。しかし、しゅんたは夏休みずっと新潟県にいて海で泳いで体を鍛えていたそうである。その時に感じたことを詩にしたと著者は感じ取った。今後の作品も具体的であり続ける。

作文4　初めての野球　しゅんた（4年生10月）
　今日は都民の日で学校がお休みだったので僕の友だちのこうじくんとけんたくんできぬた公園に行きました。
　最初はアスレチックの広場で遊んでいましたが、と中でえだを見つけてチャンバラをしていました。そうしたら、こうじくんとぼくは、二人のお母さんに「戦うならバットにしなさい」と言われたのがきっかけで野球をすることになりました。でもバットをふってもふってもボールに当たりませんでした。そしたらこうじ君がバットのふり方を教えてくれました。そうしたら2回ぐらい連続で当たりました。
　「野球がこんなに楽しいなんて知らなかった。野球はこんなにおもしろいなんて知らなかった。ボールを打つことができるとうれしいなんて知らなかった。」
　実はぼくは、野球の楽しさをちっとも知りませんでした。その後もぼくはボールを打つ練習をずっとしていたら、けんたくんが長いトイレになりそうなので、ぼくはじゅくがあって早く帰らなければならないので、こうじくん

たちと分かれて一足早く帰りました。またいつか野球をして、今度はホームランを打ちたいです。

　しゅんたは先にも述べたように運動が大の苦手で、スポーツに全く興味を示さなかった。そんなしゅんたがふとしたきっかけから野球の楽しさを知り、その感動を作文に表したのである。この作文は明らかに野球に関連がある出来事を選んで、構成されている。2学期から著者は初めて子どもに詩を書かせたのだが、「自覚的」な詩を書くことを通して、子どもたちは自分の主張を伝えるということを知ったのであろう。この変容の大きなきっかけとなったのは、詩を書いたことであろう。詩を書くことを通して子どもたちは、順を踏んで出来事を説明してから、意味づけを行うのではなく、端的に「自覚」した意味を伝える工夫をするようになった。それが子どもたちの作品の変化に表れたのであろう。しゅんたも、詩を書くことより、自分の主張を中心に文章が書けるようになったのだ。その結果、著者が子どもの思考を的確に理解できるようになり、子どもの「自覚」をはっきりとさせることにつながった。また成長が見られたのは文章だけではない。このころから体を動かすことにも積極的になったり、作文や算数の文章題など複雑な思考が必要な課題も得意になってきた。

　また、1学期間を通して、子どもたちに、「自覚的」な作品を多く読ませてきたことも関連があるだろう。毎回子どもたちの作品の中から、著者が数点を選んでクラスに配布し、選ばれた子どもに音読をさせた。その時の子どもの表情は恥ずかしそうではあるが、とてもうれしそうであった。得意気に読む子どももおり、このような経験を通して、作文を得意である、自信があるという気持ちになり、作文好きにつながっていったのだろう。この作品のどこがよいのか、著者が説明する時のうれしそうな表情も印象に残っている。

　著者は、作文における評価をここで行おうと考えていたし、今でも考えている。子どもが書いた作品には返事を書くが、評価はできるだけしない。配布された作品を読み合う中で、どのような作文がよいのか、友人の作文から学び取ることができる。この段階では著者が解説するという形をとっていた

が、後に子どもたちの中から言わせるようにして、作文の読み方を育てる方向に進んでいった。

また、作文が配布されることで、クラス内でのコミュニケーションも起きたようである。子どもにとっては作文が、教師とのコミュニケーションであるだけでなく、クラス全体とのコミュニケーション手段となっているようである。コミュニケーションを行い、それが受け入れられたという信頼感は、次の作文の意欲につながっていく。この繰り返しにより、しゅんたに代表される子どもたちは、作文が好きになり、主張のある作文を作るようになっていったのだ。

2.4　2003年度3学期

3学期になるとクラスで子どもの家庭での背景がはっきりと現れた作文も出てきた。

作文5　ぼくのお母さんとお父さん　ゆうき(仮名)(4年生3月)

　ぼくのおかあさんは、日本一おもしろい人だと思います。なぜかと言うと、ぼくのことを、「お父さーん。」とか言ってるし、「お母さーん」なんて自分のことを言っているからです。

　あとお父さんもおもしろい人です。なぜかと言うと、去年の夏、お母さんに「水中めがねは、どこにあるんだー。」と言おうとするけど、つい「虫めがねは、どこにあるんだー。」って言っていることもあります。

　あと去年、おすしを食べているとき、おじいちゃんとお父さんがお酒をのんでいました。おじいちゃんがたくさんのんでいるので、お父さんが「のんでもふざけるな。」と言おうとするのに、お父さんが「のんでもふざけるぞ！！」といばってちがうことを言っているからです。

　あとひみつの話・・・。お父さんと、お母さんがけっこんしたのは、「おかあさんがおもしろいから」といっています。けっこんするまえ、お父さんは「こんなおもしろい人なんて、見たことない。この人とけっこんしたら、人生楽しくなるな・・・」と思ったからだと言っていました。たしかに今、人生は楽しいです。

お母さんのおもしろさはえいえんにつづきます。

　著者はこの作文を絶賛した。ゆうきの家庭の温かさが伝わってくるし、ゆうきの精神的な落ち着きの背景に家庭があることが見えたからである。また著者がこの作文を良いと思えたことも著者の意味づけが明確になったからであろう。
　作文を皆で読むことにより、子どもたちの作文も変容していく。実際この次の週に、しゅんたが次のような作文を書いた。

作文6　この家族ってちょっと変？　しゅんた（4年生3月）
　ぼくのお父さんとお母さんは言葉づかいが少し変です。
① お母さんの変なところ　お母さんはどこが変かと言うと夏休みや冬休みにおばあちゃんや親せきに会うと昔新潟語を昔話していたから、おばあちゃんと話す時、「〇〇だこってー。」などということがあります。電話でもその話し方をしています。
② お父さんの変なところ　お父さんは北海道生まれだけど、北海道に行った時にかぎらず、北海道語でもなく変な言葉が出ます。例えば北海道のおばあちゃんと話す時、こんなつまらない話し方をします。「へぇ。それほどでも。はあ。とぉもぉ、そんじゃ。バイ」などの話し方をします。それとお母さんと話す時は「そうだっうぇい。」それと「ちげぇけーー。」などと言います。あとお母さんが買い物から帰ってきたら「おぅけえりぃ。待ってたよぉぉ。」とか、ごはんを食べる時は「いいただぁきまぁす。」などと言います。きっとお母さんがいてうれしいんだと思います。あと新潟のおじいちゃんとおばあちゃんは「そうですティー」とか「そうゆうの」などと言います。北海道のおばあちゃんは「そうかい」とか「おなかいっぱいね。こわいわ。」とか言います。ぼくはこんな言葉つかいをする人に囲まれていて少し変だけどけっこう楽しいです。
　コメント　地方の言葉にはそれぞれ歴史があり、大切にしなければいけません。でも最後の文をよむと、しゅんた君はわかっているようで先生もうれ

しいです。

　この作文を読んだ時に著者は作文5を覚えていて、家族の温かみを表現するために書いたと確信したが、方言について偏見をもったような文章であったのが気になった。当然本人はそんなことは気にしていないのだろうが、彼の思考にそのような配慮がないと感じ、上のようにコメントを入れたのだ。すると2週間後に次のような作文を書いてきた。

作文7　方言と変な言葉の見分け方　しゅんた（4年生3月）
　二週間前にも書いたようにぼくの家族・親せきには変な言葉を使う人がけっこういます。ふつうの言葉をつかうのはひょっとするとその中でぼくだけなのかもしれません。
　ぼくの親せきは方言と言って地方によってちがう、いろんな言葉を使っています。それにはいろんな歴史があるようです。お母さんは新潟弁をつかっていたので、東京でもよくつかいます。ぼくのお父さんはこきょうとは関係なく、他の地方の方言、いやふつうじゃない事を使うことがあります。言葉づかいはこうです。
　「ちげうけぇ」とか、「そうだウェイ」などという言葉つかいは方言じゃない。ただの変な言葉だとぼくは思いました。どうしても気になってお母さんに聞くとこう言いました。
母　「さあ、何かしらねぇ」
しゅんた　「方言じゃない事はたしかだけど。そうだ！ちょっと失礼だけど、下品な言葉つかいじゃない？」
母　「そうね。」
ということでした。
　今この作文を書いて相手の言葉づかいが方言なのか、下品な言葉つかいなのか見分けなくてはならないと思いました。ぎゃくに自分の言葉づかいもどういう種類の言葉つかいか見分けて話さなければならないと思いました。
　コメント　方言は決して悪いものではありません。でも言葉づかいに気をつけることはすばらしいね！

この作文は、明らかに著者のコメント受けて変容している。方言に対する配慮が足りなかったことに気がついたしゅんたは、2週間ずっと考えていたのだろう。そして、やっと解決してそれを作文にし、著者に伝えてくれたのである。それを著者は、よりていねいにコメントで受け止めてあげるべきなのだが、それがきちんとできていない。それは反省材料だが、子どもたちは友人の作文や著者のコメントを通して作文の質を上げている。それこそがクラスで作文を書く、読む意味の重要な1つであろう。コメントやクラスでの作文の共有によってしゅんたは作文を変容させていったのだ。著者自身の中でも、それは明確になっており、作文を使うときに、この作文のどこが良いのかを子どもに考えさせたり、友達の良いところを参考にしようと声をかけたり、実際に参考にした作文があれば、それをほめたりすることができた。実践の意味が明確になってくると、実践の意図を明確に子どもに伝えられる行為ができるのだ。

　このような実践の意味づけは、当初著者が予期していたものではなかった。ゴールを定めないプロジェクト教育[63]的な視点をもち、子どもの作文、様子をていねいに見取り、物語を作っていく中で、実践の意味が明確になってきたのである。実践の意味が明確になるにつれて、子どもにそれが明確に伝わり、子どもの作文が変容する。そしてクラスでそれを共有することにより、クラス全体の作文が変わっていくのだ。実証主義ではこのような作文の変容は説明することができない。子どもの作文の変容、著者のフレームの変容、クラスにおけるコミュニケーションは単線的な因果関係では説明できないからである。条件を統制し、比較することも不可能である。従って、このように出来事を意味づけて結びつけた物語で語ることによってはじめて、このようなプロジェクト的な実践を論じていくことが可能になるのだ。

3. フレームの明確化

　物語を作ることを通して、実践がもつ意味が明確になった教師は、自分のフレームを、行為の中で省察するようになる。自己反省を通して実践の意味が明確になることにより、著者自身がどのようなフレームをもっているの

か、が明確になってきた。実証主義では、自分を無視することを通して、客観性を目指し、理論化するが、教師学習的アクション・リサーチでは、物語を語る自分が、どのような自分なのかを省察する方向に研究が進むのである。

たとえば著者のクラスの子どもたちは、全員が作文を好きになった。4年生3学期の初めに行ったアンケートでは、38人中36人が作文を好きと答え、残った2人も最終的には好きになった。最初から子どもたちが作文を好きだったことも予想できるが、子どもたちは2年間作文を「書く」ことを通して、それまで以上に作文が好きになったはずだ。ではどのようにして子どもたちは作文が好きになっていったのか。

大きく分けて2つの視点が考えられる。1つは、教室でのコミュニケーションを、正しい形に戻したということだ。浜田は次のように言う。

> 他者に対して伝えたい思いがあり、他者から聞きたい思いがある。それこそがコミュニケーションの原点なのだが、学校という制度空間でその原点そのものが奪われていないか[64]

子どもが出した作文は、教師やクラスの友人に読んでほしいと思って書かれたものである。それに対して、教師は真摯に読んで答える必要があるし、クラスに公開する手段を考える必要がある。作文を評価し、文章産出能力を高めることももちろん重要だ。しかし、まずコミュニケーションの相手として子どもと接したい。それが教室の歪んだコミュニケーションを、正しい形に戻すことにつながるはずだ。亀村は、

> 赤ぺんによる受け答えは、教師と子どもの心の交流ですし、教育の場における人間と人間の個性的なふれあい[65]

と述べ、赤ぺん(評語)を書く心構えとして心の交流をあげている。子どもが教師に伝えたいと思う気持ち、教師の子どもを理解したいと思う気持ち、その両方の気持ちがあれば、自然と実践の形式もその意図を含んだものに

なっていくのだ。

　真正のコミュニケーションを取り戻した教室では、子どもたちは自分の伝えたいことを伝えたい相手に作文を書くようになる。そしてその作文は、確実に相手に届き、反応が返ってくる。子どもたちが作文を好きになるのも当然であろう。

　もう1つの視点は、子ども自身が、作文を書く力がついたことを実感できたということだ。子どもたちは、自分たちが書けるようになったことを、ファイルを見直したり、著者にほめられたりすることによって自覚している。子どもたちの中には、作文が得意、詩が得意とはっきりと言える子どももいる。自分の成長が実感できた時の喜びが作文を好きにさせたのであろう。

　著者自身を振り返ってもそうである。大学院の講義で、自分が小学校の時に、どのような作文を書き、どのような指導を受けたのかについて調べる授業があった。著者の小学校3年生の時の指導がどのようなものであったのかを調べるために、その時の担任の細谷先生に連絡をした。その後細谷先生は著者のために、20年近く前のことを思い出し、まとめて著者にFAXを送ってくれた。そのFAXを見て、著者は驚かされた。細谷先生が一番大切にしていたのは、「文章を書くことが好き」という気持ちをもたせることだそうである。著者と全く同じである。

　著者が作文を好きになったのは、細谷先生のおかげである。細谷先生も文章を読むことが好きで、それが自然と子どもに伝わっていったのだろう、著者にも伝わっていったのだ。そしてそれを、今度は著者が自分のクラスの子どもたちに伝えようとしている。著者は小学校3年生の時に「へちまの観察記録文」を書き、それが教科書に載ったことが自信になり、書くことを楽しいと思うようになった。この時の作文は次のようなものである。

作文8　へちまのかんさつ記ろく文　細川太輔[66]

　五月六日　火曜日　ぼくは、手に1センチくらいのたねを、もっていました。このたねがへちまのたねです。ぼくは、こんな小さいのが、三十センチもの大きな実になるとは、しんじられません。このたねがりっぱにつよく

そだつようにと、ねがいをこめてうえました。一番楽しみなのは、実ができることです。はやく、本物の実がみたいと思いました。
　五月二十六日　月曜日　とうとう、ふた葉がでてきました。上からみると、ヘリコプターのプロペラみたいです。かわいくて、赤ちゃんのようです。雨がふっていたので、まん中に水がたまっていました。
　六月十九日　木曜日　ぼくは、よろこびで、むねがはりさけそうでした。本葉がでていたからです。あさがおみたいなふた葉と、いちごみたいな本葉、くらべてみるとふしぎです。ぜんぜんちがうからです。本葉は、毛がはえていたので、おじさんみたいだと思いました。
　七月十四日　月曜日　１学期さいごのかんさつです。くきのと中からつるがのびていました。ぼくのよそうがあたりました。竹に、バネみたいにまきついていました。つるは、えんぴつをあてて、五分ぐらいすると、まきついてきます。まるで人間みたいです。しかも、一日に二十センチも、のびてしまうのにはまったくおどろいてしまいました。ぼくは、二かしょ、つるをさわってみました。一つ目のつるはかたく、もう一つ目のつるはやわらかでした。どうしてでしょう。先生が、
　「かたいつるは、まきついたつる。やわらかいつるは、できたばかりのつるですよ。」
と、おっしゃっいました。でもどうしてかたいつるとやわらかいつるがあるのかふしぎです。かたいつるは、まわりの木にまきついて、へちま全体をささえているのだと思いました。

　　長い夏休みが終わりました。学校にいってみると、花がさいていました。

　九月四日　木曜日　二学期さいしょのかんさつです。花が２しゅるいあると聞いたので、びっくりしました。おしべがあるのがお花、めしべがあるのがめ花です。生き物は、みんなせいべつの男と女があるのかと思いおもしろくなってきました。め花は、お花の花ふんがつかないと、実になりません。花もけっこんするのかなあと思いました。その日は、お花の数が四十一、め花の数が十五です。どうして、め花は少ないのでしょうか？ぼくは、

アブラナの中は、めしべが一本、おしべが六本、やっぱりめしべの方が少ないのを思い出しました。

　九月十一日　木曜日　全体を見て、絵をかきました。お花のつぼみは、かたまっていて、め花は、くきが少しのびた所にありました。お花のつぼみは、男のくせにかたまっていて、弱虫だなあと思いました。め花の下は、ふくらんでいました。お花をさわると、花ふんが指に黄色くつきました。め花をさわっても花ふんがつきました。それは、お花から花ふんとんできたからかと思いました。もう一つのめ花をさわってみました。べたべたしていました。たぶんこのべたべたは油だと思います。お花の花ふんは、みつばちやちょうがめ花におくるのかもしれません。お花は花ふんをおとすから、さらさらしていて、め花はその花ふんをうけとるからべたべたするのだろうと考えました。

　十月三日　金曜日　とうとうまちにまった日がやってきました。大きなへちまの実ができていました。上の高いところに三本ぶらさがっていました。うれしくてたまりませんでした。よくみると大きなきゅうりみたいです。四時間目だったので、なんだかおなかがグーと鳴ってしまいました。先生が、

「へちまのたねは、へちまの実がどのくらいの大きさになった時にできると思うか。」

と、しつもんしました。ぼくは六十センチくらいに成長してからだと思いました。でも五センチくらいの実を、かいぼうしてみると中に、かわいいたねの赤ちゃんがならんでいました。実をよく見ると、点がたくさんならんでいる事に気がつきました。さわるとザラザラしていました。へちまのこぶかなあと思いました。上の方が点が多く、下の方が少ないようです。

　五月六日にもらったたねが、五か月くらいでこんなに大きい実にそだったことがとてもふしぎです。へちまは、たわしになったり、お母さんのけしょう品になったりします。ぼくたちの生活にやくだっているのだあと思いました。

　ぼくたちのそだてたへちまも、そろそろたわしになるころです。（細谷京子学級）

えらんだ先生のことば（倉澤栄吉）

　三年生の作文には、かんさつ文にすぐれたものが多い。こんども杉山かおるさん池本悠子さんのように、いっしょうけんめい書いた、すぐれた作品をよみました。それらの中から、細川太輔さんのこの作文をとりあげました。

　へちまをかんさつしてそれを記ろく文にする中で、この作文は、「気もちがよくあらわれた作文」のだいひょうといえます。文しょうもしっかりしています。そして、おしまいの「ぼくたちのそだてたへちまも、そろそろたわしになるころです。」というところを、おもしろくよみました。

　この作文には、著者の気持ちが比喩として多く表現されている。それは著者の比喩を認めてくれた担任の先生がいて、作文を心から楽しむことができたからだ。そして今はその楽しさ、気持ちを子どもたちに伝えようとしている。作文が好きであるという子どもの思い、生活を見ているようで、それが子どものときから著者にあった「作文が好き」というフレームであることに気がついたのである。

　つまり著者には、自身が小学校 3 年生の時の担任の先生から受けついだ「作文を好きだ」というフレームがある。それを子どもたちに伝えたい、という思いが著者の根底にあり、そのフレームが子どもに作文を好きにさせるような実践をさせたのだ。子どもが作文を好きになったという意味づけも、著者のこのフレームが行わせたものである、ということが言えよう。

4.　フレームの相対化

　実践者は省察により、自分のフレームに気がつくと、これまで重要だとみなすことなく、考慮の範囲外においていたことについても考えられるようになる。フレームの相対化である。ショーンはアクション・リサーチが終わった後の段階を次のように言う。

　　　　実践者が自らのフレームに気づくようになると、実践の現実にフレームを与える別の方法の可能性にも気づくことができる。実践者は自分が

優先してきた価値と規範に注意し、これまで重要だとみなすことなく考慮の範囲外においていたことについてもあわせて考えられるようになる[67]。

　実践者はフレームを明確化し、自覚するようになると、その他の可能性にも気がつくことができる。自分のフレームならこうするが、違うフレームの人は異なる行動をするだろうと考えられるようになるのだ。
　例えば、著者は作文が好きなあまり、「書く」ということのよい面ばかりを取り上げている、という反省がある。作文を通してクラスのコミュニケーションが起きた、と実践に積極的な意味を与えているのは、作文好きな教師である自分だからである。しかし、「書く」というコミュニケーション手段をもつことによって、失われたものもあるはずである。「書く」という行為をすることにより、失われていることがあるはずであるが、著者は今まで考慮してこなかった。言葉にできない感動を無理やり言葉にしてしまって、矮小化してしまったり、意味が異なってしまったりすることも考えられる。このような「書く」行為のネガティブ面もこれから考えていかなくてはならない。
　また、作文が苦手で嫌いだった思いが強い教師の中には、作文をどうやったら書けるのか、しっかり教えなければいけないというフレームをもつ教師もいるであろう。書く技術をしっかりと教え、それを使って子どもに書かせることが力をつけることになると考える教師もいることは容易に予想できる。そのような教師からは、著者のような実践は書く技術を教えていない、力のつかない実践と呼ばれるであろう。作文が得意だったものが、それをそのまま子どもに押し付けている実践で、書けない子どもの気持ちを考えていないと批判されるかもしれない。
　このように自分自身のもつフレームが明らかになると、他のフレームではどうかと考えることができるようになり、自分のフレームの相対化が起こるのである。このフレームの相対化が、他のフレームを受け入れる基盤となり、実践者のフレームを広げ、教師としての成長につながっていくと考える。

注

61 梶井芳明「児童の作文評価に及ぼす評定者の心理的要因に関する研究―学習指導要領(1989)に基づく評価項目の妥当性・信頼性の検討―」学位論文 2003　p.69
62 ビゴツキー　1934『思考と言語　下』訳　柴田義松(明治図書 1962)　p.37
63 イタリアの小さな村レッジョ・エミリアの教師たちは、プロジェクト的教育というものを提唱している。行動主義に基づいた、決まった内容を効率よく教えるプログラム学習に対し、子どもと共にその場で考えながら作っていくような授業をプロジェクト学習と呼ぶ。編 C. エドワーズ、L. ガンディーニ、G. フォアマン 1998『子どもたちの 100 の言葉』訳　佐藤学　森眞理　塚田美紀(世織書房 2001)　p.134
64 浜田寿美男「学校という制度空間におけるコミュニケーション」『国語科教育』第 56 集　2004　p.5
65 亀村五郎『こどもをはげます　赤ぺん〈評語〉の書き方』(百合出版 1979)　p.13
66 本文は、世田谷区児童作文・詩集「さくぶん　第 37 号(昭和 61 年度)」に記載されている。教科書には、編集されて掲載されている。編集により、著者の作文の比喩や気持ちの部分が消されたのは、教科書会社の意図を感じさせる。
67 ドナルド・ショーン　1983『専門家の知恵』訳　佐藤学　秋田喜代美(ゆみる出版 2001)　p.177

第3章
教師学習的アクション・リサーチの意義と課題

　1章では教師学習アクション・リサーチの理論について論じ、2章でその実践について論じてきた。実際に教師学習アクション・リサーチを行った結果見えてきた意義と課題について3章では述べることにする。

1. 意義

　教師学習的アクション・リサーチの意義として以下の3点があげられる。

1.1　教師の成長のプロセスをとらえる

　教師の成長を個々のものとしてとらえ、複線的にとらえようとする研究は多くあるが、成長を後からインタビューで語ってもらうものが多く、教師が成長している瞬間、そのプロセスをとらえる研究は少ない。例えば木原は、同僚との対話と協働というテーマで教師の専門的成長をとらえている[68]。木原はH中学校の事例をあげて説明しているが、要約すると以下のようになる。

　　国立大学付属のH中学に公立から3人の教師が転任した。11月に迎える研究発表会のため、木原と4人で自主勉強会を行った。その後先輩教師たちも加わり、この取り組みの成果もあって、11月の研究発表会を無事終えることができたが、この自主勉強会をこのまま続けることになる。その結果技術・家庭科の教師YAの反省が起こり、実践が変容する。「材料・加工」の歴史を取り入れたいと考えていたYAは、この勉強会を通して、それを取り入れた学習内容を開発する。また授業方法も、I―A方式（外部からの指示で積み上げていくれんが積み上げ方式）

から、I—B方式(環境に働きかけて学習者が自ら内に取り込んでいくもの)に変容した。

以上、木原の研究を要約してみたが、教師がどのように変容したのか、そのプロセスをとらえていないということだ。技術・家庭の教師YAは、悩みながら授業を変えていったはずである。授業の変容の過程には、様々な苦悩、挫折があったはずである。しかし木原の視点が実証主義的なためか、YAの結果としての行動しか注目しておらず、変容のプロセスが分からない。

教師学習的アクション・リサーチでは教師が学んだ経過を時期に分けて論じることができるので、どのように教師が成長していったのか、そのプロセスを描き出すことが可能である。

1.2 教師の成長を複線的にとらえる

教師の成長は個々のもの、複線的なものだとよく言われている。例えば教師の学習指導能力の形成過程を調べた藤澤は次のように言う。

> もし、理想的教師像がただ一つだけあって、皆がそこに近づいていくべきだ、ということなら簡単だ。「技術熟達者」のように必要な技術のみを徹底的に訓練し、習得させれば良いのである。しかしながら、教師には個人差があり生徒にも多様性があり、教育環境も時代も絶えず変化しており、単一の理想像というのはありえない[69]。

しかし、実際に研究した際には、教師の理想像を作り、そこに近づけたかどうかで教師の成長をとらえてしまっていることが多い。藤澤も自分の中で理想の教師像を作り、それに近づけたかどうかで、教師の成長を測定してしまっている。藤澤は著書の中で以下の事例を引きながら、教師の成長を説明している。

> 宿題をやらない子どもが多くて悩んでいたA先生は、別のG先生の授業を見学することになる。G先生は、宿題をやることを子どもたち

に要求するのではなく、理由を示し、説得することにより、宿題提出率を上げていた。それを見たA先生は授業スタイルを変え、宿題実行率も上がってきたのだ[70]。

この経過について藤澤は次のように言う。

A先生が最適解に到達できたのはなぜか[71]

　この言葉でもはっきりと分かるのであるが、A先生が宿題をやるように子どもたちに説得する手法を最適解と断言している。何をもってA先生の実践の変化を「最適」ととらえるのかが明記されていないし、先に藤澤が理想の教師像は1つではない、と言っていることと明らかに矛盾している。残念ながらこの後に書かれている藤澤の調査も、やはり藤澤が理想としている教師にどれだけ近づけたか、を教師の成長ととらえてしまい、教師の成長を単線的にとらえることにつながってしまったのだ。
　ではどのように教師の個別の成長をとらえたらよいのだろうか。それはやはり教師学習的アクション・リサーチによってフレームの変容過程を記述することであろう。先にも述べたようにフレームとは絶対的に正しいものではなく、その教師自身がもっている行動の基準であるので、教師の成長を単線的にとらえることはない。教師の成長を個人的なものとしてとらえ、それを明らかにしていく方法は教師学習的アクション・リサーチが適していると考えられる。

1.3　教師教育に関連する教師が自ら学ぶ研究
　ほとんどの研究は教師教育という名のもと、研究者が教師を成長させるために様々な手段を開発している。鈴木・秋田・市川は小学校2年生の朝の会・帰りの会を観察し、児童の関係について研究した[72]。
　秋田らの研究は、実践者の鈴木の語り直し、認識の変化をとらえているが、それを実践者である鈴木が語っていないことに問題がある。例えば、浅井君がずっと1人きりだったことがビデオで「発見」され、「本当は誰かに

声をかけてほしかったのでは」という問題が指摘され、席替えでそれを解消していく。この問題の解決を外部に求めるのではなく、自らに求めてほしいのである。自分の何が発見をさせなかったのか、カンファレンスで指摘されることにより、自分の子どもに対する見方がどう変わったのか、それを考えるのが真の省察であろう。だから鈴木は、教師は学級全体をまんべんなく見ているようでありながら、実は「どう動かすか」を中心にしがち、とは言うものの、それを論文の中心点においていない。もしこれが教師主体の学びであるならば、問題の原因である、「どう動かすのか」という視点がどのように生まれてきたのか、どのように発見され、どのように克服されていったのかが、ていねいに語られなければならない。また秋田は以下のように論文をまとめている。

　　実践作りの当該参加者だけでなく、教師の専門性にとって意義あるアクションリサーチやカンファレンスへのもち方への提言が可能になってくる[73]

つまり、秋田は教師のカンファレンスへの参加の仕方を研究者に提言しているのである。

その点著者が行った教師学習的アクション・リサーチは、教師である著者が学んでいる点に特徴がある。教師を指導して変容させたという研究ではなく、自らが学んで変容したという研究であるという点で、教師の学び方を提言できるという点で研究の意義があると考える。

2. 課題

課題として以下の2点があげられる。

2.1　フレームの分析が浅い

著者が2章で明らかにしたのは、「作文が好き」というフレームである。著者がずっと作文が好きで、それが当時の実践につながっていると論じてい

る。しかし、「作文が好き」というフレームは浅いという批判を受ける。好きか嫌いかというレベルではなく、アイデンティティに関わるところまで深まっているとは言えない。例えばイギリスで次のような研究がある。

　　白人のキリスト教の教師が、イスラム教の子どもたちに世界史を教えても成績がよくならなかった。そのときに教師は当初はカリキュラムや子どもの未熟な思考を問題としていたが、そこから白人教師である自分が子どもにどのような影響を与えているのか、という問題に焦点が移っていった[74]。

　この研究では人種、宗教、民族といったまさにアイデンティティに関わるところまで考察されている。著者自身の内省が著者の存在の根源に及ぶところまで深めていくことにより、著者の実践の根源を明らかにすることにつながるのではないだろうか。
　考察が浅くなってしまう原因として教師と子どもとの教室内インタラクションだけで論じようとした点が考えられる。確かに教師は子どもから学ぶことはたくさんあり、子どもから学ぼうという意欲は教師の変容に不可欠である。しかし教師一人が教室の出来事を分析するのには限界がある。著者が作文を楽しんでいると解釈しても、他者から見ればその解釈が成り立たない可能性もある。
　また自分が意識していることは当然分析することができるが、意識していないことは分析することができない。しかし本来議論し、明確にしなくてはいけないのは、意識できることよりも、当たり前だと考えて分析の対象にしなかったようなフレームではないか。他者と比べたり、他者に批判されたりすることを通して、今まで当たり前だと考えて意識しなかった行為の背景にあるフレームを明らかにする。そのときに見えてきたフレームこそが著者のアイデンティティに結びつくようなフレームになるのではないかと考える。
　フレームをより深くとらえるために、子どもと教師のインタラクションに注目するだけでなく、他者の視点が必要である。そのための仕掛け、研究方法を考案していく必要があると考えている。

2.2 教師の学び合いが考慮されていない

　教師学習的アクション・リサーチでは、まず教室での子どもとのインタラクションを省察し、フレームを明らかにする。そしてその結果見えてきたフレームを公開して批判をもらい、そこから学んでいこうという方法をとった。しかし、公開してもなかなか実践についての批判、フレームに対する反応はほとんどなかった。つまり見えてきた結果をどのように公開し、次につなげていくのかという視点が不足していたのである。その結果を研究や教師の学び合いに用いることにより、フレームや実践に対する批判や反応を有機的に受け取ることができる。その結果を子どもに還元することにより、子どもの学びが深まっていくことも当然起こるはずである。

　それから著者の変容の背景には教室内のインタラクション以外のもの多数あるはずなのにそれが考慮されていないという問題もある。著者は大学院に通ったり、様々な教師の勉強会に参加したりしているが、そういうものの影響を一切無視して、子どもとのインタラクションにのみ焦点をあててしまった。つまり著者と子どもたちだけの教室内の閉じた学びを追求しているに過ぎないのではないかという批判なのである。本来学びとは協働的なものであり、他者から学ぶことは多数あるはずである。他の教師からも学ぶことにより、よりフレームが深まることが予想される。

　佐藤は次のように言う。

　　　　教師の成長の契機となっているのは、まず教室の内側の自らの実践に対する反省と批評であり、次に、学校内部の研修の機会であり、そして、教師同士のインフォーマルな実践交流である[75]。

　つまり教室の内側の実践の省察である教師学習的アクション・リサーチを中心としながらも、校内研修や外部との交流をすることにより、フレームを深めていかなければならないのである。個人内、教室内の学びだけにとらわれず、学びを協働的なものとして扱い、他者との学び合いを対象とした研究を行うことにより、教師の学びをより深いものにしていきたいと考えている。

注

68　木原俊行「同僚との対話と共同」『成長する教師』(金子書房 1998)　pp.198–211

69　藤澤伸介『「反省的実践家」としての教師の学習指導力の形成過程』(風間書房 2004) p.51

70　藤澤伸介『「反省的実践家」としての教師の学習指導力の形成過程』(風間書房 2004) pp.52–59

71　藤澤伸介『「反省的実践家」としての教師の学習指導力の形成過程』(風間書房 2004) p.60

72　秋田喜代美　市川洋子　鈴木宏明「アクションリサーチによる学級内関係性の形成過程」『東京大学大学院教育学研究科紀要』2000　pp.151–169

73　秋田喜代美　市川洋子　鈴木宏明「アクションリサーチによる学級内関係性の形成過程」『東京大学大学院教育学研究科紀要』2000　p.168

74　Sarah Pearce (2004) "The development of one teacher's understanding of practitioner research in a multi-ethnic primary school" *Educational Action Research* Vol. 12 pp.7–18

75　佐藤学『教育法法学』(岩波書店 1996)　p.156

II部　教師が学び合う研究
　　　　協働学習的アクション・リサーチとは

II 部では、I 部で論じた教師学習的アクション・リサーチを発展させた協働学習的アクション・リサーチを提案する。
　まず、1 章で教師学習的アクション・リサーチの課題を解決するため、国語科における教師の専門性に関する先行研究分析を行う。
　2 章ではその分析をもとに、協働学習的アクション・リサーチの方法論を定める。
　そして 3 章、4 章、5 章、6 章では協働学習的アクション・リサーチを実践した事例を論じる。3 章は著者ともう 1 人の教師が学び合い、フレームを変容させて行った事例、4 章は協働学習的アクション・リサーチを学部 4 年生に行った事例、5 章はその後 2 年を経てその教員がどのようにフレームを変容させていったのかという事例、6 章は実際に教育実習に適用した事例についてである。
　最後に 7 章で協働学習的アクション・リサーチの意義、課題についてまとめる。

第1章
国語科教育における教師の専門性研究

I部3章では、教師学習的アクション・リサーチの意義と課題について論じた。本章ではその課題を克服するために、国語教育における教師の専門性研究の先行研究を分析・検討する。

1. 教師の専門性研究

教師の専門性研究は、研究の視点から2つに分類できる。1つは、教師の実践知に関する研究である。実践知という考え方を基にして、そこから教師がどのように実践を改善していくのか、を研究する。このような研究では授業の具体的な場面に注目し、教師の暗黙知、実践知を明らかにし、それを改善していく手法を開発していくことが研究の目標とされる。

それに対して、教師の実践を時系列でとらえる研究もある。生涯学習の視点から、学習者としての教師像を背景とし[76]、教師の実践を1つの実践場面でとらえるのではなく、実践がどう変容したのかを明らかにする。その結果を実践の改善につなげていくのが、この種の研究のねらいである。

他にも教師の専門性研究に近い分野は数多くある。広義でとらえれば、実践研究、授業研究全てを分析しなくてはいけなくなるが、ここでは教師や教師の専門的発達に関して直接的に論じている研究のみを取り扱うこととする。

2. 教師の実践知研究

教師の実践は単純な計画実行型の行為ではない、という考え方から、教師が子どもや教材と向きあい、即応的に授業を作っていく、そのプロセスを明

らかにすることが実践知研究のねらいである。

　ドナルド・ショーンは、仮説・検証・一般化という方法をもち、多くの分野で中心的な役割を果たしている実証主義を批判し、「実践の中の知（Knowing in action）」について新しい概念を提案する。

> 知的な実践を手段決定への知識の"適用"として考える「技術的合理性」のモデルはひとまずわきにおくこととしよう。そうすれば、ある種の知が知的行為の中に本来的に備わったものだという考え方は、何らおかしいものではない[77]。

　つまり、実践者は何か出来事が起きたその瞬間に知的な行為を行っている。その行為の中に知は含まれているとショーンは述べている。例えば教室の中の授業実践を考えてみよう。授業の中である出来事が起きた時、教師は即座にその出来事に反応しなければいけない。その反応は今までの教師の経験や、ものの見方が反映されたものであり、知的な行為と考えられる。しかし、そのような実践が数多く連なっているので、なぜそのような行為をしたのか、言葉で説明できない場合が多い。ある場面が与えられた時、どのような反応をするのか、それは深く考えて反応できるものではなく、即座に反応しなければならない。しかしその反応は教師の実践を作り出す根源として重視しなくてはならないと考える。

2.1　授業カンファレンス

　稲垣は実証主義を批判した先導的な研究者である。稲垣は以下のように論じる。

> 研究というのは、ある特定の理論で切ったり、整理したりすることではなく、またある権威者が判断して、これはいい、これは悪い、という形で判断するのではなくて、そういう経験、見え方というものを出し合うことによって、そこにある実体に一歩ずつ近づいていく、ということではないかと考えます[78]。

このような考え方から、実践知を研究する方法として、稲垣は授業カンファレンスを開発する。稲垣は医師がカンファレンスを通して、様々な見え方を明らかにし、患者に対して適切な治療を行っているのを知り、それを教育に取り入れることを考えた。

　医師が病院や研究会で、臨床の事例にもとづき、その事例に対する参加者各自の診断をつきあわせて検討し、その論議をとおしてより適切な診断をもとめるとともに、そのような検討、研究をとおしてプロフェッションとしての医師の力量を高めていくように、教育の実践においても、事例に即して検討を行い、専門家としての力量を形成していく場をつくり、それをプロフェッションとしての成長、発展の基盤として位置づけるという提案であった[79]。

医者のカンファレンスは１人の患者の１つのケースを見ていくことが基本である。授業カンファレンスも同様に以下のような方法論で行われる。

(1) ビデオを利用し、映像によって実践を対象化するとともに、授業の中で見おとしていた子どもの表現をとらえ、子どもへの理解を深めること、
(2) 学校や研究会において、お互いに授業を見る目をひろげ、きたえること、
(3) さらに同じ教材で複数の教師が授業をおこない、その比較を通して、それぞれの授業の特質や問題点を検討する[80]

カンファレンスの中心は、同一学年の同一教材にもとづく複数の授業の比較と検討である。また、授業カンファレンスの視点について稲垣は次のように言う。

　多様な視点は、それぞれの見た人の経験を根拠にしていると言えると思います。そういうさまざまな経験がその場において共有されていく。共有されることによって参加している自分が変わっていく[81]。

つまり同一教材、同一学年の事例を比較することを通して、議論を深め、多様な視点を生み出し、共有できると言う。この研究は画一的な授業方法を開発することが目的ではなく、授業を固有のものとして、教師の実践知を見る、そのため同一教材である必要性はないとも考えられる。

国語科教育では有澤が「研究カンファレンス」を提案している。研究カンファレンスでは、授業者自身がとった教育的行為の源を誠実に問い、カンファレンス参加者の視点の自覚化を狙う。その結果様々な価値がぶつかっても、お互いに排撃しあうことなく、新しい知を創造できる[82]。このような研究カンファレンスでは、授業者の行動の源が問われており、それが教師自身のアイデンティティにかかわる[83]ところまで追求するというのは稲垣の経験を根拠にする点と重なると思われる[84]。

2.2 授業リフレクション

澤本は授業リフレクションという手法で、実践知を研究する。澤本は実践場面のビデオ記録や発話プロトコル記録を教師に提供しつつ、教師が授業をふり返る場面に立ち会う「授業リフレクション研究」を開発して、教師の実践知がいつ、どこで、どのように発現するのかを研究してきた[85]。このような授業リフレクションを通して澤本は、メタ的に学習指導過程を認識する能力[86]を高め、自らの授業観や専門性の特徴を自覚できるよう、メンタリング等も行うという。

澤本も稲垣と同様に、ビデオなどから、客観的なデータをとり、それを基にしながらリフレクションを行う。また、澤本は実践知を、例をあげながら次のように説明する。

> 実践知は、身体知とし身体に蓄積されて行動化されたり、暗黙知として用いられたり、経験知として使われたりする。けれどもそれが極めて短い時間で意志決定され、教授行動に移される上、1時間の授業でも十回以上用いられるらしいために、経験を重ねてそうした手続きを体制化している教師は、それを意識せずに実行しているようである。教師自身は、その情報処理過程を意識せずに実施するため、本人が気づくことな

く、行動化され、子どもたちに影響を与えていることになる。

けれども、注意深い教師たちは、子どもたちの変化などを通して、自分の行動の影響を、子どもたちのわずかな変化やいつもとは違う反応の片鱗からとらえることができるらしい。それゆえ注意深い教師は、それをてがかりにして、子どもたちの反応と、授業の状況や文脈を自分の働きかけと結び合わせて吟味し、言語化していく。そうすると水面下にあった自分の実践知が言語化され概念化され、自分がどのようにして指導するのかがわかるようになるのだろう[87]。

澤本は実践知を身体知、暗黙知、経験知などと分類し、意識せずに実行しているようだと述べ、実践知を明らかにする方法を示唆している。

それから高木はリフレクションを発展させ、授業をコミュニケーション過程としてとらえ、授業後の研究会に学び手を参加させるように提案している[88]。

2.3　予想不可能事象の研究

授業をコミュニケーション過程としてとらえる研究者に藤森がいる。藤森は、

予測不可能事象とは、ある秩序をもって行動する系において、参加者若しくは観察者の予期・予想・期待などの範囲を超えて生起した事実のうち、参加者若しくは観察者に系自体の見直しを促す力動的特性を有するものを言う[89]。

と予測不可能事象を説明する。藤森は、斉藤喜博や武田常夫を引用し、国語教育界では以前から、予測不可能事象が授業そのものを新鮮で流動的なものにし、高次の学習活動を展開する契機ととらえられていることを説明する。その上で藤森は予測不可能事象を再定義する。

授業が、参加者間の対話・問答・話し合い等を組み入れた相互作用的な

コミュニケーションを思考していると判断されるとき、予測不可能事象は授業コミュニケーションが有する基本特性として生起する。(中略)小稿で言う予測不可能事象とは、それが主体にある種の葛藤をもたらし自省作用を促すものを指す。なお、予測不可能事象は授業コミュニケーションに参加するすべての主体に生起し得る。またそれは、授業コミュニケーションが主体に何らかの自省作用をもたらすことによって認知若しくは認識される[90]。

藤森の議論をまとめる。授業をコミュニケーションととらえる場合、予測不可能事象は基本的特性として存在し、それが教師や子どもに自省作用をもたらす。藤森の研究は、授業を計画・実行型から、コミュニケーション型に転換し、教師の省察のきっかけ、根源として、主体の受け容れ可能範囲を超えた出来事[91]を提案している研究と言える。

また藤森は予測不可能事象を学習者にも拡張して以下のように言う。

学習者の一部は予測不可能事象を契機に自らの学習過程を見直すだけではなく、教師が適用した〈授業計画〉の妥当性を批評する力を有する[92]。

つまり、藤森は、教師の実践的思考に関する研究を豊かにするための情報提供としても重要な性格を帯びる[93]ことも指摘している。

2.4 アクション・リサーチ

Ⅰ部1章にも論じたが、アクション・リサーチという言葉は、現在様々な意味で使われている。佐藤の定義をもう1度紹介する。

「アクション・リサーチ」では、教師の問題解決過程に研究者も積極的に関与して、変化の過程全体の分析が行われる。「アクション・リサーチ」の方法を最初に提示したのは、1940年代に集団心理学を研究したクルト・レヴィンであったが、1970年代以降、イギリスのカリキュ

ラム研究者を中心に教育研究に応用されている。今では研究者が教師と協同関係を築いて展開する実践的研究を「アクション・リサーチ」と呼ぶことも多い[94]。

　国語教育界で直接アクション・リサーチを扱った論文は、著者の教師学習的アクション・リサーチしか見つけることができないが、澤本は、授業リフレクションと、カナダオンタリオ州のアクション・リサーチを比較し、その共通性を指摘している。

> 「授業リフレクション」と「action-research」が、共に教師を主体とする研究であり、研究方法上の共通点も少なくないことで意見の一致を見た[95]。

　このカナダでのアクション・リサーチも同様であるが、最近のアクション・リサーチは、佐藤が指摘するような研究者と教師が協同的な関係で行う授業研究という意味で使われている。
　それに対して著者の教師学習的アクション・リサーチはショーンのフレーム分析を発展させたものである。ショーンは「フレーム分析」を、「実践者が問題と役割に枠組みを与える方法についての研究」[96]であると定義する。ショーンが、実践者が問題を与える枠組みとして定義したフレームであるが、著者はそれをライフストーリー[97]と結びつけて論じている。それが著者とショーンの違いである。佐藤の指摘するような研究者と実践者が協同的に行う研究をアクション・リサーチ[98]と区別するため、著者が行ったような、教師のフレームを実践者自ら内省するような研究を教師学習的アクション・リサーチと呼んでいる。

2.5　実践知研究のまとめ

　以上、教師の実践知研究を概観してきたが、次のような共通点があると考える。

①具体的な授業場面を考える。
②授業を計画実行型ととらえず、子どもと共に作り出すものとしてとらえ、そこでの教師の実践知をとらえる。
③実践知をとらえるために、ビデオやテープなどの記録をとる。

　しかし、以下のような相違点もある。授業カンファレンス、授業リフレクション、広い意味でのアクション・リサーチでは、研究者が実践の中に入り、授業を改善することが目的である。いわば教師教育の思想である。予測不可能事象、教師学習的アクション・リサーチは、教師が実践を変えるために自らの実践知を内省する。いわば教師学習の思想と区別することができよう。教師学習は教師教育のように、研究者が授業を改善しようと積極的に関わるのではなく、教室の出来事によって教師が学び、成長していくプロセスをとらえる。従って前者は教師を変容させるための手段が外部から語られるのに対し、後者はある出来事によって教師がどのように変容したのかというプロセスを内部から論じるという点に差違がある。

3. 教師の時系列的研究

　教師を時系列でとらえる手法を日本に紹介したのはアイヴァー・グッドソンであろう。グッドソンは次のように言う。

　　社会学の新たな方向性は、「実証主義」モデルから遠ざかることにあったが、それは直接に特定の状況や時間に向かい、ライフヒストリーと個人史は社会学の研究活動の外側に取り残されてしまうという逆説的な結果となった[99]。

　つまりグッドソンは、実証主義と新たな方向性の研究（エスノグラフィーを指している。）を批判し、教師のライフヒストリーに注目すべきと主張する。その根拠として、グッドソンは教師の個性をあげる。

　　授業のように非常に個人的なものについて理解するには、その教師を

個人として知ることが重要である[100]。

　つまり、教師は交換可能ではなく、個性のある一人の人間であり、教師の個性を理解することが重要だと主張する。実践ではなく、それを行う教師という人間を研究する。そしてそれを教師のライフヒストリーにつなげていく。

　　私は教師が重要な個性をもっていないとする議論に反対の立場であり、態度、行為、そしてストラテジーに重要な違いがあり、それは教師によって、さらには分析対象とした時期によって異なっていると主張する。こうした違いがどの程度重要であるかを理解するために、われわれの学校研究を個人史や歴史的背景と再び結びつけなければならない[101]。

　このようにライフヒストリーを論じることを通して、グッドソンは教師の専門性に結論づける。

　　「自己監視する教師」、「研究者としての教師」、そして「広範囲な職務をもった専門家」としての教師という概念を構築することである[102]。

　以上グッドソンの議論をまとめてみたが、グッドソンとショーンの議論はとても近いことが分かる。ショーンもグッドソンも、反実証主義的な考えから教師を専門職として認めるところにつなげている。しかし、グッドソンは、アクション・リサーチを以下のように批判する。

　　しかしながらアクションリサーチの関心は、実践に集中するきらいがあった[103]。

　アクション・リサーチが実践に注目し、そこでの教師の知に注目していることは先に議論したとおりである。それに対し、グッドソンは実践というよりも教師のライフヒストリーに注目しているという点に違いがある。

3.1 ライフコース研究

　山﨑のライフコース研究は国語科に焦点をあてた研究ではないが、全国大学国語教育学会のシンポジウムで発表するなど、国語科に与えている影響も少なくないと考え、本書でも論じることにする。山﨑は静岡大学を卒業し、静岡県内の小・中学校に赴任した1400名あまりを対象に、コーホート分析による統計的調査と、インタビュー調査による事例的考察を行った。そこで、各個人の生活史のみならず、戦後日本の教育史とも重ね合わせることにより、教師毎、コーホート毎の発達の有り様をライフコースとしてとらえ、明らかにした[104]。

　山﨑の研究の画期的な点は教師の発達を直線的にとらえていないことである。山﨑は、教師の発達観を、従来の教師としての発達観を、従来の「積み上げ型」で「垂直的な発達」観から、「選択的変容型」で「水平的、ないしはオルタナーティブな発達」観[105]へと変えるべきだと主張する。この主張に著者は同意するが、山崎の研究は、3, 4時間のインタビューと調査紙という研究方法であるため、教師の成長を後からとらえることしかできない。しかし山﨑はインタビューの有用性について示唆している。

　　インフォーマントとしての語り手も、単なる情報提供者に止まらずに、自らを「語り、整理することが次のステップの自分の選択を有益に」したり、「発達の糧にする」ことができ、教師としての自らの発達を糧にすることができるのである[106]。

　山﨑は語ることが実践を変容する1つの手段であるとし、教師が自分の実践を語ることの可能性について言及している。自分の実践を語ることを通して、自分がどのような実践をしていたのかが、ライフヒストリーとの関連で明らかになってくる。その結果自分の実践の目的がはっきりとしてくると考えられる。

3.2 研究

　藤原らは、教師のライフヒストリーを研究する。藤原の関心は、特定の教

師の授業実践史である。藤原は特定の状況における教師の授業実践の構想やそれら実践観の関連という、授業実践生成の文脈[107]を重視する。そのためにライフヒストリーアプローチを使う。ライフヒストリーアプローチとは、先にあげたグッドソンの哲学を基にしたものである。グッドソンは、

　　ライフヒストリーはライフストーリーを語る者とライフストーリーの聞き手や研究者が共同して構築するものである[108]。

と述べ、ライフヒストリーは、話し手と聞き手の共同作業であると主張する。藤原もインタビュー調査を通した対話の中で、教師の実践的知識をとらえようとした。具体的には実践者である遠藤の単元の21年間の変化を追っている。その結果次のように結論づける。

　　遠藤は、基本的に、言語能力の形成とともに、人間の生き方の認識という、授業実践上のテーマのもとに、単元を構想する。従って、絵や映像の言語作品化や聞き書きといった学習活動の組織、同時代性の見出せる学習材の位置づけ、教師作品の提示を通した教師の自己学習化といったことにおいて、これらテーマの二重性が意識されていることが多い。とりわけ、異質なものを組み合わせて、また素材集約的に単元を構成していく際には、そうしたテーマの二重性が強く自覚されている。そして、このような単元学習実践において、遠藤が重視しているのは、共同的な同僚性を構築することと、生徒の状況に応じることである[109]。

つまり、教師である遠藤の変化を、単元構想の変化、職場での人間関係でとらえようとしている。教師の実践知を時間軸でとらえようとしたのは画期的であるが、この研究では単元構想の変化でとらえており、実際の授業場面がどうであったか、子どもがどのような成長を見せたのか、が論じられておらず、教室の中での出来事は記述されていない。

3.3 ナラティブアプローチ

先に紹介した藤原は、実践的知識を巨視的な視点と微視的な視点で見ようとする。

> 実践的知識は、その一つの側面として、経験を通した形成の軌跡という視点から巨視的に捉えることができる。つまり、ある教師が、授業をめぐる経験を積み重ねながら、どのような過程をへて実践的知識を形成してきたのかを捉えることである。これに対して、そうした巨視的な理解をふまえつつ、より微視的に、ある時点における授業の構想と実践をめぐって、実践的知識が変容していく局面に焦点化することが可能である。言い換えれば、それまで形成してきた実践的知識が、特定の授業の構想と実践にどのように関与しているのか、また同時にその実践において、どのような変容をこうむっているのかに焦点化することである[110]。

つまり、藤原は授業の中で見えてくる実践知を教師の経験を通して見ていこうという立場である。先のライフヒストリー研究では、教室の中の出来事が論じられていなかったが、ナラティブアプローチでは、微視的な視点が加えられている。

> 個々の授業には、そのつどそれがそのように実践されるだけの個別具体的な必然性が見出せる。(中略)教師の授業実践の語りとその聴き取りは、国語科授業研究において、授業生成の文脈を記述・解釈するという方法論的意味をもつとみなせる[111]。

つまり、教師のインタビューを記述・解釈することを通して、教師がなぜそのような実践をするようになったのかがわかると言う。藤原は、授業や単元の背後にある授業生成の文脈を見る。教師の実践知研究では、主に教師の即応的な反応を見るが、藤原の研究の場合は、教師がどのような経過で単元を構想しているかが焦点である。

3.4 教師個体史研究

　野地は国語教育の実践主体が、自己の国語教育者への成長過程、さらには国語教育者(実践主体)としての実践営為の展開、国語教育者としての生活を、主体的に組織的有機的に記述したもの[112]を国語教育個体史と定義し、実践把握を個別にとらえるのではなく、個人の中で結びつけながらとらえるべきだと主張する。野地は国語教育個体史を、国語教育者成長史、国語教育実践史、国語教育生活史に分類する。

　国語教育者成長史は、国語教育者として、国語教育に打ち込む決意をするまでの経過である。国語教育実践史は、国語教育個体史の主軸となるもので、実践報告(実践記録)を単一な報告(記録)形式におわらせず、実践主体自らが自己の学んだ国語教育事実を有機的統一的に認識し把握する。国語教育生活史は、全円的な国語教育者(実践主体)生活のうち、特に実践主体の生活そのものを記述していこうとするものである[113]。

　この3つの国語教育個体史を野地自身も記述をし、自らの国語教育実践史を、内省し、とらえることができるようになった[114]と言う。このような個体史研究の意義を野地は6点にまとめている[115]。

　　①実践をとらえる理念や意義や方法が明確になる。
　　②実践者の自己確立を目指すことができる。
　　③自己の実践を歴史上に位置づけることができる。
　　④自己の実践を突き放して見ることにより、自己の実践をさらに向上させることのきっかけとなる。
　　⑤自己以外の実践営為を理解できるようになる。
　　⑥歴史的研究、授業研究の重要な資料となる。

　①、③、⑥はライフヒストリー研究と重なる点が多く[116]、②、④は山﨑が主張していた点と重なる。

　実際に野地の教育個体史を参照すると、以前のことを実践記録や、メモ、学習者のノートなどから分析してまとめるという形で、授業の具体的な一場面を記述するというよりは、教材の解釈や子どもの作品が中心である。「高

名の木登り」であれば、教材研究、主題、授業の構想などを記し、当時は朗読を鍛えていきたいと考えていたとまとめている[117]。

3.5　時系列的研究のまとめ

以上、時系列研究を概観してきた。4つの研究で共通していることは、以下の3点である。

① 教師の実践を断片的に理解するのではなく、時系列的にとらえる。
　教師の実践の変容に焦点をあてることにより、教師の成長や教育史をとらえようとしている。
② 教師の自覚、内省を引き起こす。
　山﨑や藤原は実践者と研究者が語りあうインタビューにより、実践者の内省が起こると述べている。野地は自分の実践史をまとめることにより、内省が起こるとしている。
③ 基本的には実践の構想など教師の考えを記述し、授業の具体的な一場面をとらえるものではない。

野地の研究では、作品やノートのもち主で名前が書かれているものの、固有名詞のある子どもとの具体的なやりとりが書かれたものはほとんどない。藤原も微視的な視点をいれていたが、やはり子どもとの具体的なやりとりは書かれていない。時系列的な研究では実践のつながりに重点が置かれるため、教室での具体的な出来事が記述できないのであろう。

このように時系列研究では共通点が多く見られるが、違いが2点ある。1つ目の違いは、野地と、山﨑・藤原の違いである。野地は自らの実践を自ら語るという形で教育個体史をとらえているが、山﨑・藤原は研究者と実践者が対話で作り上げていくという手法をとる。もう1点は藤原が実践の変容を見ているのに対して、山﨑や野地は教師の日常生活にまで踏み込んでいるということである。

注

76　佐藤学『教育法法学』(岩波書店 1996)　p.153
77　ドナルド・ショーン『専門家の知恵』1983 訳　佐藤学　秋田喜代美(ゆみる出版 2001)　pp.78–79
78　稲垣忠彦『授業研究の歩み』(評論社 1995)　p.312
79　稲垣忠彦『授業研究の歩み』(評論社 1995)　p.323
80　稲垣忠彦『授業研究の歩み』(評論社 1995)　p.324
81　稲垣忠彦『授業研究の歩み』(評論社 1995)　p.316
82　有澤俊太郎「国語科教師教育としての実践場面の研究」『国語科教師教育の課題』(明治図書 1997)　pp.117–127
83　有澤俊太郎「国語科教師教育としての実践場面の研究」『国語科教師教育の課題』(明治図書 1997)　p.126
84　有澤は稲垣の授業カンファレンスを臨床的カンファレンスと呼び、区別している。有沢は、臨床的カンファレンスは実践の源を取り出すことなく、教育的行為を問題にして「ある価値基づく主張」に終わってしまうと批判している。有澤俊太郎「国語科教師教育としての実践場面の研究」『国語科教師教育の課題』(明治図書 1997)　p.119
85　澤本和子「授業研究から見た国語科教師の専門的力量形成」『国語科教育』第 58 集 2005　p.9
86　澤本和子「授業研究から見た国語科教師の専門的力量形成」『国語科教育』第 58 集 2005　p.9
87　澤本和子『国際協同授業研究による教師成長システムの再開発』(オークカラー 2003)　p.13
88　高木展夫『こどもの学びと評価』(三省堂 2003)　p.14
89　藤森裕治「予測不可能事象―授業コミュニケーション研究における社会システム論の導入」『国語科教育』第 51 集 2002　p.34
90　藤森裕治「予測不可能事象―授業コミュニケーション研究における社会システム論の導入」『国語科教育』第 51 集 2002　p.40
91　藤森裕治「国語科コミュニケーションのマクロ・メゾ・ミクロ」『国語科教育』第 56 集 2004　p.8
92　藤森裕治『国語科授業研究の深層』(東洋館 2009)　p.209
93　藤森裕治『国語科授業研究の深層』(東洋館 2009)　pp.211–212
94　佐藤学『教育法法学』(岩波書店 1996)　p.189

95　澤本和子『国際協同授業研究による教師成長システムの再開発』(オークカラー 2003) p.2
96　ドナルド・ショーン『専門家の知恵』1983 (訳　佐藤学　秋田喜代美　ゆみる出版 2001)　p.175
97　ライフストーリーとライフヒストリーはよく混同される。前者は個人史を、語りによって意味づけされた人生経験ととるが、後者は歴史の流れの中で客観的に見ていく。
98　佐藤が教師教育的アクション・リサーチを実践しているわけではない。教師と研究者が協同関係を築いて行う研究が現在アクション・リサーチと呼ばれることが多いと佐藤は指摘をしているに過ぎない。
99　アイヴァー・F・グッドソン『教師のライフヒストリー』2001 (編訳　藤井泰　山田浩之　晃洋書店 2001)　p.13
100　アイヴァー・F・グッドソン『教師のライフヒストリー』2001 (編訳　藤井泰　山田浩之　晃洋書店 2001)　p.22
101　アイヴァー・F・グッドソン『教師のライフヒストリー』2001 (編訳　藤井泰　山田浩之　晃洋書店 2001)　p.23
102　アイヴァー・F・グッドソン『教師のライフヒストリー』2001 (編訳　藤井泰　山田浩之　晃洋書店 2001)　p.30
103　アイヴァー・F・グッドソン『教師のライフヒストリー』2001 (編訳　藤井泰　山田浩之　晃洋書店 2001)　p.32
104　山﨑準二『教師のライフコース研究』(創風社 2002)　p.315
105　山﨑準二『教師のライフコース研究』(創風社 2002)　p.315
106　山﨑準二『教師のライフコース研究』(創風社 2002)　p.366
107　藤原顕　遠藤瑛子　松崎正治「遠藤瑛子実践における単元生成の文脈」『国語科教育』第 52 集 2002　p.48
108　アイヴァー・F・グッドソン『教師のライフヒストリー』2001 (編訳　藤井泰　山田浩之　晃洋書店 2001)　p.119
109　藤原顕　遠藤瑛子　松崎正治「遠藤瑛子実践における単元生成の文脈」『国語科教育』第 52 集 2002　pp.54-55
110　藤原顕　荻原伸　松崎正治「カリキュラム経験による国語科教師の実戦的知識の変容」『国語科教育』第 55 集 2004　pp.12-13
111　藤原顕　遠藤瑛子　松崎正治「中学校における臨床国語教育研究」『日本語学』第 22

巻　第 4 号 2003　p.96
112　野地潤家「国語教育個体史の問題」『国語教育通史』(共文社 1974)　p.221
113　野地潤家「国語教育個体史の問題」『国語教育通史』(共文社 1974)　pp.226–230
114　野地潤家「国語教育個体史の問題」『国語教育通史』(共文社 1974)　p.234
115　野地潤家「国語教育個体史の問題」『国語教育通史』(共文社 1974)　pp.235–238
116　藤原は教育個体史とライフヒストリーの違いについて「授業実践を実践者のみが、または伝記的に研究者のみが記述・解釈するのではなく、実践者と研究者がインタビューを通した対話の中で、授業実践経験の意味を共同的に構築しながら、実践生成の文脈を記述・解釈する点に違いがある」と述べている。藤原顕　遠藤瑛子　松崎正治「遠藤瑛子実践における単元生成の文脈」『国語科教育』第 52 集 p.48
117　野地潤家『国語教育個体史　実践編Ⅰ』野地潤家著作選集第 2 巻(明治図書 1998) pp.137–168

第 2 章
協働学習的アクション・リサーチの研究方法

1. 協働学習的アクション・リサーチの基本的な考え方

　Ⅰ部では教師学習的アクション・リサーチの意義と課題について明らかにし、前章ではその課題を克服するために先行研究を分析した。そして本章では、先行研究の方法論を整理、統合し、著者の教師学習的アクション・リサーチを発展させた、教師の学び合いを基本概念とする協働学習的アクション・リサーチの研究方法を定める。基本的な考え方は以下の3点である。

1.1　具体的な実践とライフストーリーの融合
　教師の実践知はやはり授業に表れる。確かに実践知は時系列的研究のインタビュー調査で明示されているように、以前の実践や教師の生活経験によって積み重なっていく。しかし、教師の意識していない実践知は、教室での具体的で個別的な出来事をていねいに見ていくことでしか論じることができない。教室で起きている具体的な出来事に注目することから、議論の焦点が絞られ多様な視点が生まれてくる。その結果多様な価値観の存在を知ることができ、自己の実践を相対化してみることができるようになる。やはり単元計画や教師のインタビューなど教師側からの情報だけでは、教師の意識している点を知ることはできるが、無意識な点を明確にすることは困難である。
　一方授業に注目するあまり、実践の手法などに焦点を向けていては教師の反省的実践をとらえることはできない。実践の手法を分析したときには、教師の技術が議論の中心となり、一般的な理論や技術を開発することにつながっていくからである。なぜその教師がそのような実践をしたのかという実践の源を探り、それを教師の成長と重ねあわせながら論じていくことによっ

て初めて教師の変容をとらえることが可能になる。

　具体的な出来事をナラティブ様式で語ると、自己のフレームが明らかになる。そのフレームをライフストーリーから理解していくことから、自己のフレームを相対化し、自己のフレームを広げていくことができる[118]。藤原の言うようなミクロな視点とマクロな視点を組み合わせ、ミクロで具体的な授業から、マクロなライフストーリーにつなげていくことが必要であろう。

1.2　教師の側から見る研究を

　教師教育視点の研究では実践をどうにかして変容させていこうという研究者の強い意志が感じられる。共同な研究とは言え、見る・見られる関係であるから教師の精神的な負担は大きい。

　教師の変容を教師の側からとらえた研究は、藤森の予測不可能事象や、著者の教師学習的アクション・リサーチ、野地の教育個体史があげられるが、教師の変容を後からとらえるか、偶発的な出来事に頼らなくてはならない。著者の教師学習的アクション・リサーチも、教師の変容の過程を描き出すことができたが、具体的にどのように教師の変容を引き起こすのかまでは到達していない。

　この解決策は実践者が「語る」ことである。実践者が実践や生活経験を語ることを通して内省が起こることは時系列研究で多く述べられている。教師が具体的な授業、子どもとのやりとりについて語り、それをライフストーリーと結びつけることにより、フレームが明らかになる。そのフレームを再構成することにより、実践が変容する。教師は自分の語りを研究者か、同僚に聞いてもらう。教師の対話を通して、協同的な関係を築き、教師の変容を促していくことが可能になる。

1.3　トライアンギュレーション

　教師の専門性に焦点をあてた研究では、その研究の成果の信頼性が問題になってくる。その問題についてグッドソンや秋田はトライアンギュレーションと言う。グッドソンは、次のように言う。

すなわち文献資料、関連する人々へのインタビュー、理論、書物、そして物理的な場所や建物さえもデータとなる。こうしたデータをいわば「三角測量(トライアンギュレイト)」することで、ライフストーリーを歴史の中に存在する社会的現象として位置づけるのである[119]。

秋田も次のように言う。

　せっかく研究しても、数多くの解釈可能性がでて判断できなければ、アクションによる変化をとらえたことになりえない。研究としての信頼性をいうためには、「トライアンギュレーション」(測量でいう三角法)という方法と意識するとよい[120]。

実践知という見えないものの変容を記述する場合に信頼性は避けて通れない問題である。この難題を解決するには、2つの方法がある。1つは、授業カンファレンスのように記録をできる限り多くとっておくことである。指導案、教師の日記、ビデオ、子どもの作品など形に残っているものを残しておくことで授業での出来事の信頼性を高めることができる。2つは、共同で研究することである。複数の視点で研究するトライアンギュレーションが必要である。1人で研究することは、信頼性が研究者の誠意でしか保つことができず、恣意的な解釈の危険性が消えない。鯨岡の論をここでもう1度紹介する。

　まったくの危うい綱渡りの一面をもち、まかり間違えば、恣意性や曖昧さ、あるいは独りよがりに陥りかねない。〈中略〉観察者の誠実さという倫理性に全面的に依拠せざるを得ないことになる[121]。

そのため、複数の人数で検討、研究する必要性が生まれてくる。教師の実践知を研究するためには、実践を共に作りあげる人、自己のライフストーリーを語りあうことができる人が必要である。それが研究者であっても良いし、実践者であっても良い。実践者が主体となって学び合える共同体が必要

である。このような研究が広がっていくためには、職場やサークルなどの研究集団が効果的である。教師個別の変容をとらえるのではなく、これからは教師集団の学び合い、変容のプロセスに焦点をあてた研究が必要である。

　このような研究方法ではそれぞれが自己のフレームを深めるので、実践は個性化していく。固有のライフストーリーをもった、その教師でしかできない実践をするような方向に研究が進む。また、フレームとは個人の反応の基盤であり、絶対的に正しいものではない。お互いの実践をそのまま受け入れるのではなく、自分の実践に取り入れられるものは取り入れ、取り入れられないものは取り入れない、という取捨選択ができる。これも協働学習的アクション・リサーチの特徴と言える。

2. 協働学習的アクション・リサーチの定義・意義

　以上、協働学習的アクション・リサーチについて論じてきた。基本的には協働学習的アクション・リサーチは教師学習的アクション・リサーチを教室外に拡大していく。協働学習的アクション・リサーチは、以下のように定義する。

> 具体的な実践を対象にして複数の教師が学び合い、ライフストーリーを語り合うことによってフレームを明確にし、相対化し、変容する研究

　教師教育的な先行研究のように研究者が教師を変容させるための理論を提案するのではなく、時系列的な先行研究のように、教師の変容のプロセスをインタビューから後追いで明らかにするのでもない。協働学習的アクション・リサーチは教師の動的な学びを組織化し、変容のプロセスを、学んでいる教師自身が現在進行形で明らかにする研究であり、教師の変容を有機的に引き起こす方法論を提示できる研究である。

　著者が今まで論じてきた教師学習的アクション・リサーチでは、教師の学

びを教室内の個人的なものとしてとらえ、それを集団でとらえることをしてこなかった。集団でとらえることにより、1人の教師の学びを他の教師の学びにつなげることができ、教師の専門的成長を有機的に、しかも精神的負担を少なくして引き起こすことができる。また複数の視点から見ることにより、信頼性も保証される。

　また通常のアクション・リサーチは、学習者や研究者の評価などから、自分の実践方法などを改善していくことで、短期的な授業改善をとらえる。しかし著者の考える協働学習的アクション・リサーチは、教師の学び合いで明らかになった教師のフレームの、長期的で、根本的な変容をとらえる点で違いがある。

　1960年代以降、教育の科学化ということで、客観性を重視した授業研究が多く行われてきたと言われている[122]。理想とする実践があり、それに近づくのが今までの教師研究スタイルであった。しかし教師には独自のライフストーリーがあり、そこから形成されたフレームを基に実践をしている。それを無視して、理論を押し付けるような研究は実践の場では無視されるか、盲目的に受け入れてしまうか、どちらかである。教師一人ひとりのフレームを分析し、そのフレームを尊重しながら、実践を変容できるような研究でなくてはならない。そうでなければ教師の人間性の否定になってしまう。

　協働学習的アクション・リサーチでは、教師のフレームの違いが研究の出発点となる。お互いが学び合うという姿勢を前提にもち、互いのフレームを明らかにし、相対化する。自分のフレームが明らかになった教師は、フレームに沿った実践を作りあげることができる。また自分のフレームとの整合性を考えて、他者の実践の中で取り入れられる部分は取り入れることができる。そうやって教師は独自の実践を作り出すことができるのだ。一般性を目指す方向とは逆の方向で、実践が個性化していくという点に協働学習的アクション・リサーチの特徴がある。

　確かに協働学習的アクション・リサーチは教師同士が対等に学び合うような研究方法であり、一般的な理論として権威をもつ知ではない。しかしフレームに注目することにより、問題解決の方法をメタ的に示すことができる。それが教師の考える力を育て、教師の専門性を高めることにつながると

考えている。

3. 国語科教育における意義

　このような協働学習的アクション・リサーチは国語科の授業において発展しやすい。国語科では1つの作品を通して、さまざまな解釈が成り立つ。作文や話す・聞くでも様々な解釈が成り立つ。いわば評価が難しい教科である。井上は評価の課題について次のように言う。

　　　　母語教育の場合は、子どもは基本的な技能の上に高度な言語能力を駆使しているのですから、文学の鑑賞にしても批判的思考・創造的思考にしても、内面的な心情・イメージと結びついており、外側からは直接観察できず、行動目標になり得ないものが多いのです[123]。

　つまり国語科では行動目標のような客観的な評価で測りきれないものが多くある。文学の鑑賞や作文教育などがその典型である。子どもたちの発言を教師がどうとらえ、それをどのように全体の学びにしていくのか、それが教師の腕の見せどころでもあると言える。そのような授業のもとになっているものは教師の主観的評価である。井上は主観的評価について次のように述べる。

　　　　多面的に評価することができるならば、主観的な評価は決して否定されるべきものではありません。むしろ専門職として毎日子どもに接している教師が下す主観的評価は、いわゆる客観テストによる数字などよりもよほど信頼性があります。今日、評価の客観化・科学化が叫ばれるあまり、とかくこうした主観的な評価の重要性がおろそかになる傾向がありはしないでしょうか。[124]

　つまり教師が専門性を発揮して自分の判断で評価をしていくことが重要だというのである。この井上の主張に著者は同意する。授業を教師が前もって

構成し、子どもたちを型にはめ込んで、予定調和で終わるような授業ではなく、子どもとコミュニケーションをしながら作っていくような授業が今模索されている[125]。このような授業の場合、教師は子どもの発言を聞いて、それを評価して即座に子どもたちに返さなくてはいけない。子どもの発言に1つ1つ客観テストをして確かめるわけにはいかず、教師の即座の主観的な評価の積み重ねによってコミュニケーションである授業が構成されていく。

　国語科の授業を意味あるものにするためには、確かに教師の主観的評価が必要である。しかし、この主観的な評価が妥当かどうか、常に厳しく反省する必要がある。そのためには自己のフレームを分析し、子どもが有意義な学習を行えるような評価をしているのか吟味しなければならない。そのための方法として協働学習的アクション・リサーチは意味をもつのである。意味深い国語の学習を成立させるために、協働学習的アクション・リサーチは有効に働くと考えている。

4. 具体的な研究方法

　以上のようなことをふまえて、協働学習的アクション・リサーチを具体的にどのように行うのかを定める。具体的には以下の手順を踏む。

(1)授業を見合う
(2)違いを見つける(フレームの明確化)
(3)違いを明らかにし、ライフストーリーと結びつける(フレームの相対化)
(4)フレームの変容

4.1　授業を見合う

　実践者の学び合いを基本としているので、一人の実践者が授業を見せるのではなく、お互いに見せ合うことが必要となる。時間的制限があり、授業をお互いに見せ合うことが難しい場合にはビデオでも構わない。とにかく、片方が見せて、片方が評価するという形ではなく、お互いに見せ合い、論じ合

うことが学び合う体制を作るために必要不可欠である。また授業を見る際にビデオを撮ったり、授業記録を書いたりすると、以降の議論が深まりやすい。

4.2 違いを見つける（フレームの明確化）

　授業を見合った後はどのような実践方法が正しいのか、という実証主義的な視点ではなく、自分とは異なる点はどこなのかについてボイスレコーダーなどで記録を取りながら話し合う。授業を見ていれば、授業で自分はこうしない、という点が自然と見えてくる。

　例えば著者は発表がどんなに拙くても、聞くことを重視した授業を行っているが、そこで話すことを重視する実践者から、聞かせられなければ発表者や授業者の責任が大きいのではと言われたことがある。それはどちらが正解ではなく、違いとして受け入れていくことが次につながる。

　また司会の立場の人間をおくことで、議論が整理しやすくなったり、実証主義的な議論にならないよう、議論を進めていくことも容易になったりする。

4.3 違いを明らかにし、ライフストーリーと結びつける（フレームの相対化）

　実践の違いをそのままにするのでは、フレームまでたどり着かない。それをライフストーリーと結びつけることで、それがフレームとなり、明確化する。

　先の聞くことの事例であれば、著者は中学・高校で授業をあまり聞かなかったというライフストーリーから、聞くことを重視するフレームと結びつけた。その一方で、もう片方の先生は親が教員だったので、学生時代に先生はどうしてこんなにつまらない授業をするのだろうと思うようになり、聞かせられない先生の責任なのではないかと思うようになり、話すことを重視したフレームをもつようになったと言う。このように自分とは違うフレームがあることを知り、自分のフレームが絶対でないことを知ることをフレームの相対化と呼んでいる。

4.4　フレームの変容

　フレームが相対化した後、教師は自分のフレームで授業を行っているが、自分のフレームでは対応できないときがある。そのときにいろいろなフレームを当てはめて、その状況に対応しようとする。それをショーンはフレーム実験(frame experiment)[126]と呼ぶ。このフレームの変容、フレーム実験以降は時間がとてもかかる。特に根深いフレームであればあるほど、それを変容するのが難しい。

　長期的にフレーム実験を繰り返し、フレームを変容していく中で、本当に自分が大切にするものを見つけ、個性ある教師として成長していくと考えられる。

注

118　細川太輔「国語教育におけるアクション・リサーチの可能性―実証主義からのパラダイムの転換を―」『国語科教育』第 58 集 2005　pp.34–41

119　アイヴァー・F・グッドソン『教師のライフヒストリー』2001(編訳　藤井泰　山田浩之　晃洋書店 2001)　p.119

120　秋田喜代美「学校でのアクション・リサーチ」『教育研究のメソドロジー』(東京大学出版会 2005)　p.177

121　鯨岡峻『関係発達論の構築』(ミネルヴァ書房 1999)　p.148

122　高木展郎「教師教育のための授業研究」『国語科教師教育の課題』(明治図書 1997 年)　p.93

123　井上尚美『国語教師の力量を高める』(明治図書 2005)　p.155

124　井上尚美『国語教師の力量を高める』(明治図書 2005)　p.161

125　藤森裕治「予測不可能事象―授業コミュニケーション研究における社会システム論の導入」『国語科教育』第 51 集 2002　p.34

126　ドナルド・ショーン 1983『専門家の知恵』(訳　佐藤学　秋田喜代美　ゆみる出版 2001)　p.108

第 3 章
協働学習的アクション・リサーチの実践 1
4 年間の国語科教師の学び合いとフレームの変容

1. 実践の概要

　この章では教師学習的アクション・リサーチを発展させ、他の教師との学び合いの観点を加えた協働学習的アクション・リサーチの実践を論じることにする。

　ここから論じるのは著者と吉田先生[127]（仮名。30 代の女性で 6 年生の女子クラスの担任）が 1 つの理想的な実践を求めるのではなく、それぞれの実践を深めるような方向で研究を続けてきた過程である[128]。これから論じていく吉田先生の変容や、著者の変容は単純な因果関係で表せるものではない。しかし、吉田先生と著者の実践の変容の中に、お互いの実践の意味が深く刻み込まれており、ナラティブ様式で論じることにより、フレームの深めあうプロセスを明らかにすることができる。またここで論じる作文教育の事例はⅠ部 2 章で論じた実践が継続されたものである。なお児童の名前も全て仮名である。

2. 実践の変容

2.1　2004 年 6・7 月

　著者は研修で存在を知った「もちもちの会」という国語の研究会に参加し、吉田先生と知りあう。当時の吉田先生は、6 年生からこのクラスをもっているのだが、子ども同士の関係がうまくいっていないと悩んでいた。

吉田：クラス全体として、お互いに本音を言わない雰囲気になっていた。行

事でも他人任せで、誰かが「こうしよう」と言えば、みな何も言わずずるずると従っていた。波風が全く立たないクラスだった。

「もちもちの会」で著者はⅠ部2章で論じた実践を発表し、子どもたちが自分の思いを書いた作文を読み合うことを通して、クラスのコミュニケーションが広がることを紹介したのだが、そこから吉田先生は、コミュニケーションの手段として詩を用いること、それから作文を読み合うことを通して、子どもたちの作文を変えていくことを考えるようになった。

2.2 2004年8月

夏休みの間に「もちもちの会」は合宿を行った。当時の吉田先生の問題意識は、子どもたちが心を閉ざし、素直に言いたいことを表現していないということだ。8月の宿泊行事を次のように吉田先生は語っている。

吉田：夏の学校で限界が来た。仲の良い5人の班で山登りをする。しかし5人でやらなくてはいけないのに、2人と3人のように分かれてしまう班が多かった。そこで「何で一緒にやらないの」と思って相手を責めるようになった。「何で怒ってるの」、「一緒に行こう」、「仲間はずれに感じるから嫌だ」、「ごめんなさい」と言えばすぐに解決できるのにそれができなかった。

子どもたちが心を開けないのは、関係性の問題が大きく、心を開きなさい、と教師から言われていても、子どもたちは「言っていることは分かるけれどもできない」という状況であった。そこで吉田先生は毎朝のスピーチをすることを考えた。

しかし、それは心を開きなさいと子どもに強く要求をし、そのための表現技術を身につけるような指導ではないか、と著者や他の会員から指摘を受けた。要求するのではなく、もっと気負わずにやればよい、心を開かせようとするのではなく、自然と心を開くような授業、教室作りを考えてはどうか、と意見がでた。その問題点に気がついた吉田先生は夏休み中に自己反省をする。その時のことを後に吉田先生は、以下のように語っている。

吉田：本来子どもたちは表現したいはずだ。だけどそれができない何かがある。原因がわからないまま、それを要求してしまっていた。まず、お互いに作品を読み合うことを通して、人間関係を広げる。ただ書いて終わりではなく、子どもたちに作品を返すことにより、教師が気負うことなく、お互いを伝えることの良さが広がっていく。<u>子どもたちに伝えあいましょう、と言うのではなく、子どもの作品を配り、それを読み合い、返事を返すという段階で心が通じ合っている</u>、と思うようになった。

　下線部からわかるように吉田先生は子どもが自然と書きたくなる、コミュニケーションをしたくなるように授業を仕組むということを考えるようになったのだ。

2.3　2004年11月〜2005年3月
　そのような実践を続け、その成果を吉田先生は11月に研究会で発表した。そのレジュメに以下のような記述がある。

　子どもたちが互いの作品に今まで以上に興味をもち、自分の書いたものを友達に紹介したい、と思っている様子が見られ、「表現したがらない子どもはいないのだ」と感じるようになった。しかし、自分の表現に自信がなかったり表現することを不安に思ったりする子どももいるので、表現力を身につけさせることは大切だと考える。そのために、<u>子どもたちが互いに自分の思いや考えを表現し、気持ちを受け止めるだけでなく、自己の成長や向上につながる教室にしていくこと。</u>この二つを意識して指導していきたい。

　このことから、吉田先生は学習環境をデザインする[129]、というフレームを取り入れ、子どもたちに要求するというよりは、そういう環境をデザインする、という方向にフレームを変化させてきたのだ。
　そして子どもの作文も大きく変化する。夏休みの宿題の中に、夏休み前に見本となるような作文を読ませたことから生まれた、素直な気持ちの書かれた作文があった。吉田先生はその作文を指して、

吉田：この作品をクラスで読み合うことから、素直に心を表現するような作品が次々に生まれてきた。子どもが表現したいという環境づくり、教室づくりをすることによって作品や子どもが変わり始めた。

　と振り返っている。4月と10月を比べてみる。

作文9　お友達と私　ゆみ子（6年生4月）
6年生になった私
お友達の気持ちを考えるようになった
この人に「のり出しといて」ていっちゃったけど
きずつかなかったかなとか、
<u>この人はいまどんなことを考えているんだろう</u>
<u>とか思えるようになった</u>
<u>でもたまに周りの目を気にしすぎてしまう</u>
<u>それでも</u>
<u>お友達のことを考えることができるようになって</u>
<u>とてもうれしい</u>

作文10　本当にムカつく妹だ　ゆみ子（6年生10月）
「ただいま。」
ドアを開けると
必ずというほど正面にはさくらがいる。
まるでたちはだかるかべのようだ。
そしてその第一声は
「テスト何点だった。相当わるいんじゃないの？」
それがさくらが小学校に入ってから毎日のことだ。最初は
「毎日テストがかえってくるわけないでしょうが。何言ってんの。」
とちゃんと答えてあげていたけれど
今は
「あんたバカ」

ですませている。
もちろんテストがかえってきていても
「あんたバカ」
ですませる。
<u>さくらは人生最強と言えるほどの敵だ。</u>
<u>本当にムカつく妹だ。</u>
<u>ちなみに成績は私のほうがずっとずっと上だ。</u>

　4月の作文9は下線部から判断できるように、友達の気持ちを中心に書いてはいる。しかしそれが子どもの本音とは違う形であった。それが10月になると、下線部のように作文に本音が出せるようになったのだ。子どもの作文の変容を吉田先生は以下のようにとらえている。

・飾った言葉を使っていた。→自分の言葉を選べるようになった。
・抽象的内容→生活が見えてくる具体的な内容になった。
・あいまいな心情表現→自分の気持ちを自分の言葉で表現するようになった。

　これは吉田先生自身の分析であるが、著者もその通りだと感じている。また子ども自身の変容も見られるようになった。先の作文を書いたゆみ子の変容を吉田先生は次のように語っている。

吉田：とてもおとなしくてしっかりしている。行儀が良くて、品の良い雰囲気を感じさせる子である。担任である私もそう思っているし、友達からもいい子という印象を与えていた。友達の悪いことは決して言わず、周りで言いあっていても黙って聞いている子だった。そんな子が家で「バカ」なんて言っている自分をさらけ出せるようになってきた。
　そして卒業前の謝恩会では、出し物のソーラン節のリーダーになった。ソーラン節のリーダーとして、みんなの前でお手本として踊ったり、みんなに練習しようよ、と言う声かけをしたり、態度で表すようになった。今まで

は陰でしっかりやっているという立場だったが、前面にでて活躍するようになった。お互いに受け入れあう関係にクラスがなって、自分のやることに自信がもててきた。自分のことを友達が認めてくれるし、失敗しても許してくれると信頼できた。陰口におびえないクラスになった。

　つまり、ゆみ子は今までは自分をさらけ出すと陰口を言われるという恐怖感から、お互いのことはあまり干渉せずに自分のことをしっかりとやろうという気持ちだったが、自分をさらけ出しても大丈夫だと安心できるようになり、周りを信頼して自分のできることに挑戦しようという気持ちになったのだ。またこの頃から吉田先生のクラスの作文の特徴がはっきりとし、友達や家族を意識した作文が多くなってくる。先にあった作文9でも友達の気持ちを理解することを重視する面は見られるが、それが自然な形で交流するように変わってくる。この変化は吉田先生のライフストーリーに大きく関わってくる。吉田先生は次のように語る。

吉田：子どものころは整形外科に毎日通っていて、そこに毎日来る老人と親しくなり、病院の手伝いを始める。<u>相手の様子を見て、この人は枕がほしいのだ、この人は何をしてほしいのだ、と考えて動くようになり、人をよく見て、その人のために奉仕することが好きになった。</u>
また電車に乗れば、くつやネクタイ、服装などを観察し、どんな人なのか想像するのが好きだった。

　それから吉田先生がクリスチャンであることも大きい。「内観」と言って自分を見つめる方法がある。それは自分が今まで何をしてもらってきたのかを振り返ることを通して、自分がどんな人間か分かると言う。下線部や内観に代表される、人にしてもらっていることに感謝しよう、というフレームが吉田先生の実践の基盤になっている。子どもたちにも友達に支えられていることに目を向けさせる。それが表れている作文を印刷して配ることにより、より浸透させている。それに対して著者は禅宗の寺院の子どもとして生まれ、自らを厳しく見つめるように育てられてきた。その禅宗の考え方が、子

どもにも自分を見つめる内省的な作文を書かせていることも分かった。

　このように吉田先生のフレームが明確化してきたのは、著者のフレームとの比較があった。これは吉田先生自身も語っていることだが、著者のクラスの作文に触れることにより、自分の考え方がはっきりとしてきた。著者のクラスの作文は自己分析的な作文が多い。自分の行為を分析し、自分の感じたことを表現する作文である。しかし吉田先生は自己を見る、というよりは、周りの人間を見ることを強調する。吉田先生は作文の中に友達を登場させ、そこで起きた出来事を記述していく。したがって子どもの作文は友人を観察したり、友人とのコミュニケーションの場面が取り上げられたりするものが多い。友達にしてもらったことを書いて、感謝するような作文もでてくる。そうやってクラスの関係性を築いていったのだ。

　このように自分とは違うフレームの存在を知ることは、自分のフレームが変容したり、明らかにしたりすることなど、教師の成長にとって重要な要素となり得るのだ。

2.4　2005年4月

　吉田先生は、初めて5年生を担任することになった著者に多くの助言をしてくれた。その中で大きかったのは「出来事の記述」である。著者は自分が考えたこと、感じたことを積極的に子どもたちに書かせていた。

作文11　心のチャンネル　あさ子(4年生12月)
　私の中に、心とたましいがあります。心とたましいは、私のいっしょに生きていこうと決意した仲間です。それに、私が生きていく中でとても大切なことをしています。
　たましいは、いつも一緒に同じことをしています。今、作文を書いているけれど、たましいも一緒に書いています。書かせてくれているのもたましいです。たましいは心とつながった、TVをもっています。私がママのおなかから生まれてくる前から、そのTVをもっています。つまらない番組は見ません。番組といっても、私から外の事を見るだけです。チャンネルをたましいがかえる時、私の気持ちもかわります。心とつながっているのは、こうい

う時があるからです。私の気持ちがかわれば、当然、外、ううん、たましいのTVのチャンネルもかわるってわけです。
　心は、たましいがTVのチャンネルをかえる時、どういう気持ち・気分にしたら楽しくなるだろう、と急いで考えます。うーん、うーんと考えて、私の気持ちをかえます。例としてあげれば、友だちとけんかした時、たましいが今つけてるチャンネルは、つまらなくなって、チャンネルをかえます。そうすると、私は、あやまろう、という気持ちになり、あやまります。そうすると、私は楽しくなります。当然、たましいのTVのチャンネルも楽しい番組になっています。
　この話は、私の中でやっている事で、他の人は、TVのかわりにCDかもしれないんだよ、っとたましいは、教えてくれました。それともたましいと心が、あなたの体を選んで幸せ、と言ったような気がしたので、私もあなたたちが、私の体を選んでくれて幸せ、と教えてあげました。

　当時の著者は作文11を以下のように評価していた。

　自分を心とたましいに分けてコミュニケーションを行わせている。心がたましいを観察し、解釈しているので、たましいが客我、心が主我を表していると言える。その複雑な自己内コミュニケーションがこの作文には表れているのである。

　しかし吉田先生から「作文に表れている気持ちがどのように生まれてきたのかが分からない」という助言を受ける。思いをはっきりとさせ、相手に理解してもらうためには、状況の説明が不可欠である。またセンス[130]を深めるためにも具体的な物語は有効だ。このような考え方は当時の著者はなかなか受け入れられなかった。当時の日記に

　事実をていねいに書くことと気持ちをくわしく書くことは方向性が違い、並び立たない。

との記述がある。しかし、その後に、

　気持ちを詳しく書くということはただ気持ちだけを書けばよいというものではない。その気持ちをもつに至った出来事も書く必要がある。<u>どのようないきさつでそのような気持ちをもつようになったのか。どのような感覚がその気持ちを呼び起こしたのか。それがきちんと書かれれば言葉の意味を膨らませていく物語を産出できる。</u>気持ち重視の作文でも書ける出来事の書き方を考えていくべきだ。

　と、書かれている。下線部から、考え方の変容が認められる。吉田先生の言葉をそのまま受け入れるのではなく、その言葉を受け、自分のフレームでとらえなおす。その結果、子どもたちの作文は変わっていく。

作文 12　運動会に向けて　けい子（5 年生 4 月）
　私は、運動会に向けてのことをこの作文に書きます。
　今はまだ4月なのであまり暑くはないけれど、これからどんどん暑くなるので私は心にちかいました。「疲れた」は言わないことです。私が疲れていればみんなはもっと疲れているからです。私はいつも自分に厳しくしようと思っていますが、なかなか厳しくできない「甘ったれ」なので運動会をうまく利用してそれも直せるようにしたいです。みんな私よりもずっとがんばっているので、みんなの迷わくにならないようにしたいと思っています。

　運動会が近づくにつれて練習が厳しくなってくる。特に高学年女子はグラウンドで練習するので暑くて集中力がきれる場面も出てくる。著者は男子の組立体操を指導していたので、男子はもっと大変だ、と厳しく女子に話をした。その直後に普段から自分に厳しいけい子らしく素直に自分の考えをまとめたのが作文12だ。しかし著者の説明がなければ読者には背景が伝わらない。出来事を書き加えることにより、よりけい子の思いが伝わる作文にすることができるだろう。ここから著者の作文の書かせ方が変わってくる。ただ「気持ちを書きなさい」と言うだけだったが、「気持ちとその気持ちが起こっ

た出来事を書きなさい」と言うようになり、子どもの作文も変容する。

作文13　運動会のために　けい子(5年生5月)
　いよいよ明日は運動会。1年生から6年生までがきびしい練習の成果を出す日です。そこで運動会のために目標のようなことを考えました。
◎えんぎの時は、静かにリレーなどの時は大きな声でおうえんする。
◎自分たちが重ねてきた練習が実るようなえんぎをする。
◎気合を入れてがんばる。
　まだまだ書きたいことがあるけれど書ききれなくなるので3つまで書きました。
　夏のように暑い日も、冬のように寒い日もがんばってきたので、くいのないような運動会をみんなで作り上げましょう！と言いたいところですが、私が重ねてきた練習をふり返りたいと思います。
　しちょうかく室から練習が始まりました。最初は基本から始まって回すのとか、気をつけなどを教えてもらいました。次に体育館で練習が始まって、カラーガード[131]の先生、細谷先生が教えてくれる事になりました。そして外の練習は大変でした。4月だったので気候が毎日変わるというありさまでした。そう言えばグラウンドに並んでいる時、細谷先生が朝礼台の後ろで旗をなんと上に投げ、空中でクルクルと回し、手でキャッチするというすごいことをしていました。しかし、細谷先生は旗を地面に落としてしまったので、ちょっとショックでした。しかし河童の川流れだと思って、そのことは忘れます。だんだん慣れてくると気がゆるみ、先生方にもおこられました。私はその時、とてもくやしかったです。こんな思いを心に明日がんばりたいです。

　けい子は強い自己をもっている。自分に厳しく、他人に優しくしようという姿勢が常に見られ、決して他人について悪いことは言わない。自分に厳しすぎるきらいもあるが、正しい行動をしようという意欲が強い。1学期の最初にバスでクラスの子どもがおかしを食べたという事件が起きた。そこでも彼女は、それを知っていて止められなかった自分が悪いと言い、あまり厳し

く怒らないでください、と私の前で友人をかばっていたのが象徴的である。そんな自分に厳しいけい子が自分の運動会に向けての気持ちを書いたのが作文 13 である。最初は前半部分で終わっていたのが、出来事も書きなさい、という助言をしたところ、けい子は練習を振り返る部分である下線部を付け加えた。

　つまり吉田先生の助言を受け入れて著者は実践を変えることができ、その著者の変容に伴い、子どもの記述も変わってきたと言えるのではないか。

　先にも述べたように、当初著者は吉田先生の助言に抵抗感があった。しかし、自分のフレームがしっかりとしていれば、助言とフレームの整合性を考えることができる。この助言は自分のフレームから分析してよりよい実践につなげることができるかどうか考えることができるのだ。この場合、出来事の記述は自分のセンスを深めるために有効な手段と著者は判断することができた。そのためこの助言を取り入れることにつながったのだ。

2.5　2005 年 6 月

　それから吉田先生の影響を受けて、著者も変容する。著者は 6 月に研究授業を行い、子どもの作文を読み合った。作文が選ばれた男子あきらは 4 月当初、「書くことがない」と言って 1 文字も書かなかった子どもである。コミュニケーションをとるようにしてきた結果、書く量は少なかったが、少しずつ作文も書くようになってきた。

　そして 6 月 17 日に『整骨院』という作文を書いた。

作文 14　整骨院　　あきら（5 年生 6 月）
ぼくがかよってる
整骨院は
ヘンだ
なぜなら
むだに
おもしろい
たとえば

けんこうこつを
けがしたら
ふけんこうこつ
とかいってる
それに
しんさつちゅうに
かんけいないはなし
ばっかりする
なぜ
しんさつするときの
きかいもへんだ

　あきらは膝の成長痛に苦しめられ、整骨院に通っていた。作文14は、整骨院の先生との楽しいコミュニケーションの様子を書いたもので、整骨院の先生が言う楽しい冗談をとても楽しそうに表現していた。それを著者は「おもしろい」と言って、クラスのみんなで読み合うことにした。そこから彼は書く意欲が高まり、次の時間には整骨院の先生とのやりとりを、改行がたくさんあるものの、原稿用紙7枚も書いたのだった。
　6月28日に音楽の研究授業があり、"with you smile"という歌を歌うことになった。そこで音楽の教師からどうしたら感情がこもるか、という相談があった。著者は、「君」が誰か思い浮かべながら歌えばいいのでは、と考え、子どもたちに誰だと思うか、という話をした。その時に、子どもたちからは、「家族」「兄弟」「友達」「好きな人」という意見が出されたが、あきらはそこで「もう1人の自分」と答えた。著者は最初意味が分からなかったが、あきらなりの意味があるのだろうと考え、何も言わなかった。あきらはその音楽の授業でとても表情豊かに歌うことができ、音楽の教師からほめられた。授業の後に彼から話を聞くと、あきらは「家で1人でさびしい時に、よくもう1人の自分がでてきてはげましてくれる。それを思い出しながら歌ったんだ。」と笑顔で話してくれた。そして今回の作文の授業の時も「ぼく書くことがあるんだ」と言ってにこにこしながら書いたのがこの作文であ

る。

作文15　もう一人の自分　あきら（5年生6月）
　ぼくは、たまにもう一人の自分が「いれば」とか「いるなあ」と思う。例えば一人でさみしい時にぼーっとしていると、頭に自分がうかびあがる。そして、「さみしいからってぼーっとしてんな。」と自分に言われる感じになって「あー、こんなんじゃだめだ。」と思ってめざめる。
　そしてもう一人自分がいれば、と思う時は、例えば宿題をやる時とか、整骨院に行く時とかに、「あーめんどくせー」とか思って「あーもう一人自分がいればなー」
　と思う。そうしたら頭にめんどくせーと思っていることがうかびあがる。そして、最後に自分に
　「宿題やんなきゃおこられるし、自分のためにもならないぞ。」
　と言われるとやる。
　「整骨院に行けばはやくなおるぞ」
　と言われてやっと行く。こんな自分がなさけない、とたまに思う時もある。
　「もうこれからはもう一人の自分にたよらない。」

　高学年であっても家で1人だとさみしいという経験はクラスの子どもの多くがもっているはずである。ただそれを恥ずかしがらず言った彼に共感することにより、クラスの信頼関係が深まるのではないか、いうのがこの作文を扱うねらいであった。
　著者の予想通り、整骨院についてあきらが説明した時につぎのような出来事があった。

あきら：整骨院は、捻挫とか、整骨とかしたい時に通って……
あきら：僕が行っている場所はちょっと変ですね。
クラスのつぶやき：笑う
　　　（変、変。）

　　　　（すごいよなぁ。）
　　　　（院長さんが……）

　周りの子供が整骨院という言葉に反応できている。前回彼が発表した『整骨院』の内容を覚えているのだろう。彼の言う整骨院の意味をクラスが共有できている。そのような環境だからこそ彼の物語がクラスで共有できたのであろう。そのあとの感想は以下のようであった。

よしお：テニスで、勝てないと分かっているような感じで、諦めてても、やったら勝てるかもしれないって慰めて……？

こうた：いっつも、なんか、いろんな、迷いやすいから、それでちょっと、あのー、僕は、あの、自分で、これ、これをしようと言っているのに、もう1人、何か自分の分身みたいな、何百人もののような、そんな自分が、あの、なんか、これがいいこれがいいこれがいいんだ、って言って、なんか自分ももう選べなくて、もう、えーと、選べないから、もう、もうやんない方が多いかもしれないけど、かえって自分が邪魔になるときもあるし、他にも何か、自分が宿題やってるときとか、もう飽きちゃったときとかに、もう1人の自分がやってくれたらなぁ、得なのに、って思うときがあって、それで、あの、もう1人の自分は良いところもあるけど、悪いところもあるような、っていう感じ。

たけし：昔、入院してたときに、いつ注射打たれるのかなって、そんなふうにびくびくしてたんだけど、そのときに心の支えになってくれた。

しょうじ：あのー、いつも計算やってるときに、あのー、変な、あのー、面倒くさい計算が出てくるから、あのー、面倒くさいなーって言って、やりたくなくなるけど、何か、自分の良い心が後のことを考えて、あのー、自分としては、あのー、損しちゃうなって思って、うんやるけど。

まさと：はい、んっと、僕が4年生の、4年生の頃、頃に、僕けっこう忘れ物をしてて、朝学校に来て、んでー、あ、あれ忘れちゃったって思って、…もう1人の自分がいれば良いなー…。

ひろし：宿題をやる前とかに、どっさりあるときとか、学校でつかれてる時に、そこら辺にゴローッとしてて、次の日は別にどうでもいいやって感じになるんだけど、その後少し考えてると、やっぱり宿題をやるっていう、なんて言うか、気持ちって言うか、何か、なるって言うか。

　このように感想を言った子どもたちは、テニスで、宿題で、注射で、計算で、忘れ物でと、自分たちの意味での「もう1人の自分」の物語を語り始めた。そうやってお互いに自分の体験を語ることを通して、作者のあきらに共感することができた。
　その次に先に作文12, 13で紹介しているけい子の作文を読み合った。この授業の前週の国語の授業で、まどみちおの「ひもとゴム」という詩を読んだ。その詩はぎゅっと荷物を締め続ける「輪ゴム」はまじめな性格、1回しばったらしばらくはのんびりしているが、ほどく時はかんたんにほどけない「ひも」を陽気だが、いざと言う時はやる性格と呼び、どちらもいい、という作文である。その詩が彼女の心に残ったのであろう、次のような作文を書いた。

作文16　一人一人　けい子（5年生6月）
　この前、テストで「ひもとゴム」という詩を見ました。この詩は自分らしさについて書かれた詩です。これを見て私は思いました。
　1.2年生のころ、勉強が得意な人、スポーツができる人を私はうらやましがっていました。わたしは勉強、スポーツなどあまりずばぬけたものがなくてますますうらやましがりました。2年生の後の方になってくると、スポーツができる人などに「すごい」って声が聞こえてきて、その人がにくくなったり。本当はきらいじゃなかったけど当時のプライドっていうのがそれをゆるさなかったんだと思います。

でも「にくい」と思うのはすぐに終わってしまった。やっぱり自分で「にくい」と思うのがつらかったんだと今思えばそう考えられます。

それからずっーと考えて考えてわかったことは、その人だって努力したんだって事。はじめにオリンピックせん手なみに走れるなんて、そんな事むりです。そして努力のおまけに付いてくるのがほめ言葉。

だから一人一人好きな事をやっているのが楽しい。どんな好きな事でも人から何を言われようが一番好きな事をやっているんだからいいと思います。

でも、人にめいわくをかける事はしてはいけない事。きっとめいわくをかけるのは本当は好きな事じゃないと思います。

例えば、人が苦しそうにするのを見るのが楽しいと思っていて人をいじめたり。でもそれは努力しているか。ちがう。むしろいじめられるほうががまんする努力をしているかもしれない。

でもやっぱり好きな事じゃない。だから一人一人好きなことを見つけてほしいと思います。

彼女の中で考えが豊富にあり、それがまとまりきれていないため、文章としての完結性に欠くものの、彼女の中の豊富な思考、心情がこの作文を生み出している。逆に思うことがたくさんありすぎて、まとめ切れていないところに、彼女の才能を感じさせる。言葉に豊かな意味をもたせ、言葉の意味や体験の意味を吟味しながら語っている。そして自分の心情の良いところも悪いところも正直に記述している。

彼女は表現力に長けたものをもっており、演劇クラブでも中心で活躍している。音読も上手で、心情をこめた表現をすることができる。しかしその才能にまだ自信がもてず、自信がなさそうにしている。できるだけ、みんなの前で彼女をほめたり、彼女の作文をたびたび取り上げたりすることにより、彼女に自信をつけさせるように話しかけてきた。授業中の彼女はなかなか積極的に感想を言うことはない。しかし友人の作文を読んだり、発表を聞いたりする中で、自分の作文の質を上げていき、自己の深い部分を表現するようなスタイルを自分で作り上げていったのである。

そんな彼女が自分の中の悪い部分を正直に記述したのが、この作文であ

る。けい子の今回の作文は、成功した他の人を憎む気持ちを認め、それを乗り越えようとする作文であった。自分の中の悪い部分も正直に書いたものを読み合うことにより、クラスの関係性をより深めようとしたが、授業で起こったことは著者の予想をはるかに超えた。あきらは真っ先に挙手をして次のけい子の作文に次のようにコメントをする。

あきら：好きなことを見つければいいとかそういうの、全部ここにあらわにしているのに、んで、あの、自分が、あの、抜けでれないとか、そういうこと、やっぱりないと思います。音読とか、作文とか、すごく上手なんだし。んで、あの、自分ばっかせめないでみんなそうやって思うんだけど、これから自信をもっていいと思います好きになって、ずば抜けたのがなくて、やっぱり、ないと思います。
んで、それで、あの、なんか、いつか自分もすごく…なれると思います。

　自分が受け入れられたから、友達にも優しい言葉をかけてあげなければならない、という気持ちになったのかもしれない。あきらの中で大きな変化があり、それが行動に表れた一瞬だった。友達に受け入れてもらうことにより、自分も友達に受け入れてもらえる、そうやって子どもは優しくなっていく。作文を読み合うことにより、人間的に成長したのが見えた瞬間であった。それを聞いて、けい子は少し恥ずかしそうに、しかしうれしそうにおじぎをし、著者も

細川：「今すごいこと言ったよ。先生感動しちゃったよ。」

と発言している。
　このような出来事が起きた原因を2つの視点から論じることができる。1つは教師の気づきである。著者が彼の発言を聞き、その発言の内容に気づくことができた。著者はもともと自己を分析し、それをクラスで読み合うことにより、コミュニケーションを豊かにしていくことを考えていた。しかしこの出来事は、コミュニケーションを豊かにするというレベルを越え、他者を

理解する、他者を受け入れるというところにまで達している。著者のフレームは、自己を見つめるというところにあった。それが吉田先生の他者を見るというフレームを知ることにより、他者についても考えるようになった。その結果、この出来事が起きた時に、自己を見つめた作文を読み合うことが他者理解・他者を受け入れるところにつながることに気がつき、彼の発言を賞賛することができたのだ。自己を見るというフレームに、他者理解という概念がつながった瞬間であった。

2つ目は出来事の記述の重要性である。読み合って、共感するためには、具体的な出来事が必要である。自分の思いだけを書いてあっても、それがどのような場面で起こったのかが書かれていなければ、共感するのは難しい。しかし出来事の記述を重視するようになり、書かれた内容について共感しやすくなった。

このように吉田先生のフレームを明らかにしたことが、著者のフレームを深めることにつながり、著者の実践を変容させ、クラスのコミュニケーションを濃密なものにすることができた。その結果あきらは自己表現することができ、それを受け入れてもらえることで優しくなることができた。けい子も受け入れてもらえるという安心感から作文を発表し、受け入れられ、励まされることにより自信をもつことができたのである。

3. 教師の変容とフレーム「叫ぶ」と「語る」

本章では2年間にわたる、著者と吉田先生のフレームや実践の変容を見てきた。著者と吉田先生は自分のフレームを大切にしながらも、お互いに学び合えるところは学び合ってきた。倉澤に次のような言葉がある。

近代的な社会に必要な人間は、紙の上に生活文や詩などを書きつけていることで満足する表現型のものではない。「叫ぶ人間」ではなく相手に語りかける人間が必要なのだ[132]。

著者は自己分析を通して、自分の思いを明らかにする作文を書かせてき

た。そのようにして高まった「叫び」を相手に伝えたいと思うからこそコミュニケーションが起こるものだと考えている。倉沢の言う通り、叫ぶだけでは表現が完結するとは考えていない。しかしまず自分の叫びがあり、それが表現の根源である、という考え方は変えるつもりはない。しかし吉田先生は語りかける人間だ。相手に気持ちがあることを理解し、そこからコミュニケーションが起こるものだと考えている。まず周りの人を見てそこで何が起きているのかを考える。その中に自分が自然と表れてくるという発想だ。この2つのフレームは、著者はどちらかが正しくて、どちらかが間違っているとは考えてはいない。どちらかが先の段階で、どちらかが後の段階であるとも考えない。教師にはそれぞれライフストーリーがあり、その上にフレームが形成される。そしてそのフレームに基づいて独自の実践がある。ただそのフレームとは普遍的なものではない。自己のフレームを自覚すると、他のフレームではどうかが考えられるようになり、他のフレームを比較する基盤となる。そこで取り入れられるものは取り入れて、変容させることができる。このようにフレームが変容することにより、その教師個人の実践がより深まっていくのだ。

　この研究から教師の変容とフレームの関係が2つの視点からとらえられた。

　1つ目はフレームの相対化である。自分とは違うフレームの存在を知り、それによって自分のフレームが明らかになってくる。著者はそれをフレームの相対化と呼んでいるが、そのことにより、自分の実践のねらうところが明らかになり、子どもの作文、子ども自身も変容する。

　吉田先生は、著者の「叫ぶ」フレームとは違う自分のフレームを知り、そこから自分とは何が違うのか、と考えるようになる。そして他者を見るという「語る」フレームが明らかになった。そこから自分の実践の目的が明らかになり、子どもが書いた他者をとらえた作文を選んで読み合うようになり、子どもの作文、子ども自身が変容してきた。

　それは著者にも言えることだ。吉田先生の実践や子どもの作文を読んで、自分のクラスとは異なる作風であることに気がつく。吉田先生の背景に、クリスチャンであることとつながりのある「語る」フレームがあることが明らかになった。その結果著者自身は自らを見つめて書く「叫ぶ」フレームが自

分のライフストーリーとどのように関わるのかを考えるようになった。その結果著者自身が禅宗の寺院の子どもであり、自己反省的な宗教観をもつ家庭で育ったこととつながっているのではないか、という点にたどり着くことができた。自分とは違うものの存在は、自分を発見させてくれることにつながるのである。

2つ目はフレームの変容である。先にも述べたように、フレームとはライフストーリーとつながっているが普遍的なものではなく、それを基盤として変容させることができる。自らのフレームが明らかになった教師は、相手の教師のフレームを知り、それを独自なものとして認めることができる。その上で自分のフレームを基盤として、相手の教師がもつフレームから自分が取り入れられるものは取り入れて変容していく。吉田先生は著者の教室作りという考えを取り入れた。子どもが書いた作文を読み合うことにより、心を開きたい、表現をしたいという教室作りをし、周りへの感謝につなげていった。著者も吉田先生の他者理解という考えを取り入れた。自己を表現した作文を読み合うことにより、子どもたちは作文の作者という人間を理解し、受け入れるようになった。つまり自己を見るというフレームを、他者理解につなげていくことができたのである。

このように実践を受け入れあっても実践が同じようにならないのは、2つのフレームがお互いに提示されることにより、それぞれが自分のフレームを基盤としながら相手の主張を取り入れ、自分のフレームを変容させて独自の実践を作りあげていったからであろう。

4. 教師の変容と子どもの変容

1節で述べたように教師が学び合うことにより、フレームが相対化し、変容する。それに伴い、子どもの作文や子どもも変容してくる。吉田先生は著者との学び合いによってフレームを相対化し、他者を見るという「語る」フレームを明らかにした。その結果吉田先生は、友人を対象にした作文を書くように指導をし、それをクラスで読み合うようになった。その結果、友人のことや他者のことを取り上げた作文を多く読み合うようになり、その結果子

どもたちは自然と友人や他者のことを取り上げた作文を書くようになった。

　それから変容したのは子どもの作文だけではない。子ども自身も変容している。読み合いを続けていく中で、クラスで自分をさらけ出しても良い、陰口を言われないという雰囲気がでてきた。そこから自分がミスしても認めてもらえるという信頼感が出てきて、今まで前面に出られなかった子どもが前面に出てくるようになってきた。実際今まではおとなしくて自分がちゃんとしていればよいという性格であったゆみ子が謝恩会のリーダーになるようになった。

　このような変容が起きたのは吉田先生が実践方法を変えたからと単純に因果関係で示すことはできない。吉田先生が自分のフレームを自覚したことにより、実践方法も当然変わったが、それだけではないだろう。授業中や普段の子どもへの反応、作文を選ぶ基準がフレームを自覚したことにより他者を見ることに焦点化されてきたのであろう。

　また子どもと吉田先生とのインタラクションも欠かすことのできない要素である。子どもたちの書いた作文を読んで、吉田先生は他者理解の表現方法や子ども理解を深めることができた。そして吉田先生が作文をクラスで読み合わせ、クラスで共有させることにより、子どもに他者理解の表現方法や友人理解をより深めさせることができる。子どもの学習を効果的にするための子どもと教師のインタラクションが、まさに教師学習的アクション・リサーチであり、その教師学習的アクション・リサーチで用いるフレームの変容を教師の学び合いである、協働学習的アクション・リサーチが生み出しているのである。

　著者のクラスでも同様なことが起きている。吉田先生のアドバイスから著者の「叫ぶ」フレームと他者理解との関係性について考えるようになった。それは実践にも表れ、子どもがお互いの作文を読み合うときに、作文を書いた子どもの普段の生活を考えた上で発言したことをほめるようになってきた。その結果子どもたちも、作文を書いた子どもの普段の生活と絡めあわせながら読むことができるようになってきた。

　あきらであれば、自分の作文が受け入れられ、優しい気持ちになってきた。そしてけい子が作文を読んだときに、けい子が普段自信なさそうにして

いることをふまえて、けい子が自信をもてるような発言をしたのであろう。自分の作文、そして自分自身を受けとめてもらえることにより、優しい気持ちになることができ、そして他者に優しい言葉をかけることができる。この循環が生まれ、作文の読み合いが学級文化を形成し、子どもを変容させていったのであろう。

　また著者と子どものインタラクションである教師学習的アクション・リサーチも起こっている。子どもが書いた作文を解釈したり、子どもの発言を聞いたりする中で、著者は実践の意味についてたくさん学ぶことができた。あきらの

あきら：んで、あの、自分ばっかせめないでみんなそうやって思うんだけど、これから自信をもっていいと思います好きになって、ずば抜けたのがなくて、やっぱり、ないと思います。
んで、それで、あの、なんか、いつか自分もすごく…なれると思います。

　という発言によって、自己を見た作文を読み合うことがその奥にある他者理解につながっていくことを著者は学んだのである。著者がこの発言から学ぶことができたのは吉田先生との学び合いでフレームを相対化しているからである。自己を見る「叫ぶ」フレームと他者を見る「語る」フレームの存在を知り、それを「叫ぶ」フレームから他者理解ができないかと考えるようになったからこそ、あきらの発言から著者は学ぶことができたのである。つまり協働学習的アクション・リサーチによってフレームを深めたことにより、クラスの子どもとの教師学習的アクション・リサーチが効果的になり、教師、実践、子どもの作文、子どもが変容していったのである。

　　　注
127　吉田先生は本来共同研究者として名前を挙げなければならないのであるが、本書では、本人の都合により、仮名とした。

128 吉田先生の語りの言葉は、研究会中の発言であり、テープで録音されたものではないが、記録として残っているものである。そのため語尾が多少変わっている。しかし吉田先生には論文に載せることを許可してもらうために、語った内容と違いがないことを確認してもらった。
129 秋田は、学習環境のデザインを、「対話しながら目に見える形にしていく、丁寧にものづくりをするという発想、一つひとつ手をかけて相手にあわせて作る意味あい、作っている最中でも相手に応じて変えていく意味合い」と定義する。(秋田喜代美「学習環境という思想」『学校教育』No. 994 (広島大学付属小学校　学校教育研究会 2000))
130 ワーチは言葉の意味を、自分で作った意味のセンス、辞書的な意味のミーニングと分類する。(Wertsch. J. (1979) *The concept of activity in Soviet Psychology*. M. E. Sharpe).
131 カラーガードとは、旗をタイミングよく上げ下げしたり、回したりするマスゲーム
132 倉澤栄吉『作文の教師』(国土社 1987)　p.35

第4章
協働学習的アクション・リサーチの実践2
学部4年生によるフレームの発見

1. 問題意識

　教師の変容は一様ではなく、個性的で、多様であると著者は考えている。山﨑も、教師の発達観を従来の「積み上げ型」で「垂直的な発達」観から、「選択的変容型」で「水平的、ないしはオルタナーティブな発達」観[133]へと変えるべきだと主張している。そのため著者は教師の個性的な変容をとらえるべく、アクション・リサーチの研究や実践を行ってきた。

　しかし附属学校の教員として、毎年多くの実習生を指導しているが、教師の変容を一様なものとしてとらえるのではなく、個性的なもの、多様なものとしてとらえる教育実習になっていただろうか、実習生に授業技術だけを伝えて終わりというような指導になっていないだろうか、という反省がある。金子も、これまでの教育実習は、実地の授業をうまくこなしていく、立派な教師の卵を育てるという伝統的な教育実習観に偏りすぎていたのではないか[134]と警鐘をならしている。佐藤も、大学における養成教育は生涯における「準備教育」と見なされ、養成教育と現職教育を一貫する教師教育の制度が模索されている[135]と述べている。基本的な指導技術を身に付けながらも、実習生自身が自分の進むべき道を見つけ、個性的に変容できるような準備を整える教育実習が必要なのではないだろうか。

2. 研究の目的

　本研究では個性的な変容を生み出す教育実習を開発するため、実際に学生に授業と、授業の後の協議会を行ってもらった。そこで明確になった方法論

を教育実習に活かしていくことを狙う。具体的にはフレームの明確化を目指す。教師が自分の実践を振り返る際に、自らのライフストーリーと結びつけることで、自らが意識的に、あるいは無意識的に行動の基準としていたフレームを明らかにすることができるのではないかと考えている。そのライフストーリーアプローチがまだ教職経験のない学生にも有効なのか、課題は何があるのかを明らかにし、教育実習への新しい視座を提案することが本章の目的である。

3. 研究方法

3.1 研究の対象

研究の対象は、東京学芸大学初等教育国語科専攻の学部4年生2人である。大学のカリキュラムでは学部3年生が附属学校に教育実習に来るので、本来であれば学部3年生を扱うべきであるが、研究的な取り組みなので、本研究は学部4年生を対象とする。ここで得られた考察をもとに、次年度の教育実習のあり方について考えていく。

2人とも著者のクラスで平成19年度に教育実習を3週間行い、その後もボランティアとして著者のクラスに何度も来ているので、児童との信頼関係はできている。また2人とも大学のクラスも同じであり、4年次実習も東京都八王子市の同じ小学校で実習を行うなど、学び合える関係性を築いている。また児童の名前は全て仮名である。

3.2 研究の方法

2人に著者の担任する2年生のクラスで国語の授業を同じ平成21年1月14日に1時間ずつしてもらった。12月に授業の内容は特に指定をせず、自分が行いたい授業をするように伝え、指導案を作ってもらった。また、ただ授業を行うだけではなく、お互いの授業をお互いに見合い、ボイスレコーダーで記録をとりながら、話し合いをした。

その話し合いでは、まず自分の授業の意図、ねらいを話し、自評を行う。その後で相手の授業を見て考えたことを指摘してもらった。ただ話し合いを

していてもフレームのところまで議論は深まらないと予想し、著者が司会として議論を整理し、ライフストーリーと結びつくような点があれば質問を行うようにした。また議論の際に事実確認ができるよう、授業はビデオを撮り、司会は授業記録をとった。

4. 授業の実際

4.1 授業Ⅰ―2つの詩をくらべよう

　最初に授業をしてもらったのは女性の伊藤さんである。同じ対象に対する違う目線を知り、詩の奥深さを感じながら読むことをねらいとした学習である。まどみちお作「アリくん」と谷川俊太郎作「みち3」の2つの詩を題材として扱い、2つの詩のアリに対する見方の違いを話し合わせた。まず2つの詩の音読をした。その後10分程度時間を取り、ワークシートに児童がそれぞれの詩に、登場人物、場面、ありの何を見ているのか、その他気付いたところを記入した。そして全体で発表しあった。授業では以下のように児童を一人ひとり指名して、意見を発表させていた。

伊藤：まず場面です。みんな書けてるよね。では発表してください。たかしくん。
たかし：Aの詩(まどみちおの詩)は、まずありの写真をとって、詩をつくるときに、その写真を見た。
伊藤：ありくんの写真をとった。(板書をする。)他に。きょう子さん
きょう子：ありが目の前にいるところで書いた。
伊藤：ありが目の前にいるところで書いた。なるほど。(板書をする。)何で目の前にいると思ったのかな。
きょう子：目の前にいないとよびかけようとしません。
伊藤：「ありくん、ありくん、君はだれ」と書いてあるよね。いないと問いかけてもしかたがない。なおと君はどうして写真だと思った。
なおと：「ありくん、ありくん、君はだれ」で写真によびかけているイメージ。ありは動いているけど、止まった瞬間に写真をとれば、細かく見られ

る。
伊藤：細かく見られるから、写真にとった。

　ワークシートに書くことでしっかりと個人が考える時間をとって発表しやすくし、その後で教室全体の場で意見を交流する学習形態をとった。授業全体を通して、1人の発言をクラス全体で静かに、集中力をもって聞き、話し合う学習が行われていた。

4.2　授業Ⅱ―絵の描き方を相手にわかりやすく説明しよう

　次に授業をしてもらったのは男性の市川さんである。順序を考えながら工夫して話すことをねらいとして、絵描きゲームという学習を行った。楽しく活動する中で、相手にわかりやすく描き方を説明する方法を身につけ、話すことの喜びや自信をつけさせようとするものだ。
　この授業全体で児童と楽しく学習しようという教師の意図がいろいろなところで見られた。以下のような導入で始まった。

市川：今日は、国語は国語なんだけど、絵を描いてもらいたいと思います。
多数：いえーい。

その後ゲームのルールを確認し、教師の指示で児童は絵を描く。

市川：大きな丸を描いてください。丸の中に点を2つ描いてください。点の下に三角を描いてください。その下に線を描いてください。はい、周りの人を見ていいです。
多数：あはは。
市川：今から1分間だけ立ち歩いていいです。見てください。（児童歩き回る。歓声があがる。）
市川：紙は机の上にプリントをおいたままです。
（児童は自由に感想を述べ合う。）

その後児童の描いた作品をいくつか紹介し、教師の描いてほしかった図(左図)を示した。そして教師の指示のどこを直せば間違えなかったのかを話し合った。その上でクラスを2つに分け、片方に絵を見せて、もう片方が絵を描けるように口頭で教えるゲームを行った。授業全体を通して楽しく、児童が自由に意見を言い合えていた。

5. 気付いた実践の違い

5.1 話し合いのもたせ方の違い

　授業が終わり、お互いに授業について自評を行った後、相手の授業を見てどのように感じたのかを話してもらった。伊藤さんの授業について市川さんは次のように言った。

　もうちょっと話し合わせ方もあるのかな、と思って。例えば班にしてどういうこと書いた、みたいな。たろう君は自分に自信がなくて、伊藤さんが「ありがいるのかいないのか書いてください」と机間指導中に言ったら、「ありがいる」と書いて、となりのかずみさんに「見るなよ。」て怒りながらかずみさんのを写すっていうことをしていたりして。ただ考えていないわけではなくて、独り言たくさん言っていて、もうちょっと話し合わせ方というのがどういう話し合わせ方にすれば児童が主体的な活動に、教師が進めちゃっている授業になっちゃっているので、やり方を変えていけたらなあと思って見ていました。

　上記のように市川さんは全体で議論を進めることにあきてしまった児童たろうのことをあげ、班で話し合うことを提案している。それに対して伊藤さんは以下のように、班でまとめることの弊害をあげ、自分が全体での話し合いを選択した理由を説明している。

なんか班でもいいかなあと思ったんですけど、最初にファーストインプレッションでいろいろ出してほしかったんですよ。班の中でまとめたのを出すのだと、多数派が勝ってしまう、というか少数派は班の中で消えて、結局クラスでは多数派の意見しか出てこないかなあ、って。偏ってしまうかなあ。それだったら最初から、結構発言できる子たちなので、自信がなくても発言できる子もいるので、自分で考えた中で3個ぐらい書いて、2個言われても、3個目は自分だけの意見だけどそれでも言いたがる子が結構いるので、出してくれるのかなって。

　つまり少数派が消えてしまうことを全体で話し合いをした理由としてあげている。それに対して市川さんは以下のように述べた。

　話し合いだったらぼくは班活動にしたんですよ。どうしてかというと、これだけいろんな意見がでてくるんだったら、少数派が消えちゃうとか、班でまとめるとかではなくて、それだけいろんな意見がでてくるんだったら、それぞれ1人ずつ班で「何で、何で。」て聞いて。

　自分だったら班活動で話し合わせる。理由として班での話し合いでいろんな意見が知ることができることをあげている。市川さんの授業では、絵を描いた後、自由に交流し合う時間がとられているように、市川さんの授業にもその考え方は見ることができる。
　このようにクラス全体での話し合いを重視する伊藤さんと、グループでの話し合いを重視する市川さんで、話し合いのもたせ方の違いが明らかになった。

5.2　話す力の違い

　市川さんの授業に対して、伊藤さんは次のように言う。

　ただちょっと見て、説明する側の子が隣を見ちゃいけない、こっちは見ていいみたいなことになっていて。それで出題者の子が問題を出しながら、相

手の描いているのを見て、指示を加えている。ここは、こうだよっていうのをやっちゃってて。あれだと説明の練習にならないなって。せっかくおもしろく説明文を作るみたいな感じだったんで、書かせてもいいかなって。出題者の子はメモ書きのところにどうやって説明したら相手に伝わるのかを書いて、それしか読んじゃだめっていう形にしたら、ずるとかがなくなるのかなって。ゆうすけ君とみな子さんは完全に見ないって感じで、それが本来だと思うんですよね。それで間違って相手に伝わらなかったんだって気づくことで、「こういう説明した方がいいな。」て気づけるから。「ここはこうだよ。」って。鉛筆で指示しちゃってて、出題者の子が絵を描いちゃってて。それやっちゃうとその子たち学べてないのかなって。

　つまり相手に伝える際に、相手が描いている絵を見て指示を付け加えることを問題としてとらえ、それをなくすために、まず話す内容をきちんと書いてから相手に伝えるべきだと述べている。それに対し市川さんは次のように答えた。

　書かせてそれを読むだったら、どっちかと読んで話して説明する形だから、書かせて読むだったら書くになっちゃうから。バリケードをはっているから、見ないっていうのを加えれば、できあがって「なんだよ、おまえ、それ」って形になって、難しいんだなって伝わるんじゃなかったかな。だからもうちょっと工夫すれば良かったかなって。

　この後2人の議論は進んでいく中で著者は次のように議論を整理した。

　多分話す力っていうところで認識が違う気がするんだよね。伊藤さんと市川さんで。（中略）そこまでは両方一緒だと思うんだよね、その手段というか方法が違う気がする。多分市川さんは、その場で相手を見て、即座に考えて、どんどん発言していくのを話す力だと思っている気がして、伊藤さんはきちっとした原稿を書いてきちっとした文章で伝えることを話す力だと思ってるんじゃないかなって。そうでもないか。

その整理が正しいか確認したところ、伊藤さんは

　原稿を作るというのは、話すというよりは書く力だと思うんで、話す力をつけたいんだったらメモは絶対に必要ないと思ってるんですよ。メモを書くんだったら書く力にメインを変えた方がいいんじゃないかなって。わたしの話す力は伝えたいことを伝える、の中でも要領よく、ポイントまとめて、これ伝えたいんだってことを中心にわかりやすく話す。

と著者の整理を訂正して、自分の考える話す力を、要領よくポイントをまとめて話す力だと述べた。それは伊藤さんの授業にも表れている。伊藤さんの場合、意見を言わせる前にじっくりと考えさせ、ワークシートに書かせ、考えをまとめさせてから意見を発表させている。
　それに対して市川さんはそれとは異なる相手の意見を聞くことで、明らかになった自分の考えを提示している。

　ぼくは付け足していっていいと思うです。なんか普通に話していても「それどういうこと」って。逆に聞く力、目標には話す力しか書いてないですけど、聞き返せるというか、聞く側として「わからないことを聞くことができた」って書いてくれた子がいて、今聞いてても聞き返してもいいかなって。

　この付け足していく姿勢は、市川さんの授業に自然と表れている。市川さんの児童に対する指示がその典型である。

市川：今から1分間だけ立ち歩いていいです。見てください。（児童歩き回る。歓声が上がる。）
市川：紙は机の上にプリントをおいたままです。
（児童は自由に感想を述べ合う。）

　先の授業例でも示したが、児童に指示を出した後で、児童の状況を見て、「プリントをおいたまま」と指示を付け加えている。この指示の出し方には

批判もあると考えられるが、これも彼の考え方が表面化したものと見ることができよう。

このようにきちんと要領よく伝えることを重視する伊藤さんと、聞き返すことを前提とし、どんどん付け加えていくことを重視する市川さんで、考え方の違いが明らかになった。

6. ライフストーリーとの結びつき

このように2人の違いが2つの点で明らかになった。この違いを対立として終わらせるのではなく、ライフストーリーと結びつけることで、なぜそのようにしたのかを語らせる。なぜ自分や相手がそのような考え方をしているのかを知ることで、気がつかなかった自分のフレームや、自分とは異なるフレームを知ることができる。人それぞれ違ったライフストーリーがあり、それに基づいたフレームで実践をしていることを知ると、それは自分とは異なるフレームを尊重することにつながり、教師の変容を生み出すきっかけとなる。本研究では学生指導なので、フレームの変容まではとらえることができない。しかしこれからの変容のきっかけを与えることで、準備教育としての教育実習としての成果をあげることにつながると考えている。

6.1　話す力とライフストーリー

以上のように相違点を整理した後、それを著者はライフストーリーと結びつけるような質問をした。

1回でうまく伝えられなかったけれど聞き返されることで伝わったり、逆に聞き返すことで相手の言葉を引き出して、こうやって会話って成立していくんだなって実感した経験はない。またはそういう授業を受けてきたことはない？

そうすると市川さんは以下のようなライフストーリーを話し始めた。

サークルですかね。サークルで会長やっているときに、人とコミュニケーションを取る、人のつながりって難しいなって。入っていって話を聞くので、聞き方を訓練された。テニスの合宿中に泣いている女の子とかですね。合宿だったらその子が運営する側だったら運営することで悩んでいるのか、男の子で悩んでいるのか、今日何かあったとか提示すれば聞きだしていく。とか自分が運営する側でこういうのはどう、とか。でもそれだとポーンとでるから新しく、妥協じゃないですけど、最初に出した案を中間地点に持っていくために試行錯誤する。

　つまりテニスサークルで会長をし、下級生の相談を受けることで、自分の意見を要領よく1回で伝えるというよりは、相手の反応を見て、中間地点にもっていくような聞き方を訓練されたというのだ。それを聞いて、伊藤さんは次のように自分のライフストーリーを語った。

　すごい完璧主義なのにそれができなくてフラストレーションがたまってるんですよ。わたしは。聞かれるのが逆にわたしは嫌いで、自分が言って、「それどういうこと」って聞かれると、もういいやってなっちゃうタイプなんですよ。だから最初から完璧に順序立てて説明しようとがんばるんですけどできなくてもう何言いたいんだ、わたし、みたいにいつもなっちゃって。で、それを直すには、理想なんですけど話すには、頭の中でまず考える。頭の中で考えるにはまず書く練習をしたら身についていくのかなって。でわたしさっき書く方を推したんですけど。（中略）長女だからですね。わたしはすっごいわがままで、妹が生まれてちょっとしたころ、すごい嫌いですごく仲悪かったです。妹が親をとっちゃうというのですごく嫌いで、今が逆に仲良しなんですけど。わたしの話を聞いてって言うのがすごく強くあって。でも親は妹はまだしゃべれないので、わたしの話を聞いてくれてたんですよ。で、ちょっと話したら、1話したら10わかるみたいな感じになっていて、それでだんだん話すのが下手になっていって。逆に妹がすごく話すの上手なんですね。でそういうのもあってわたし家族の中であまり話したくないんですよ。自分から話すんだけどお互い聞きあわない家族なんですよ。自分のこ

と主張しているだけであまり返事しなくて、それでも聞いてくれるだけでいい。何言っているのかわからなくなっちゃったんだけど。こんな感じだから話すのあまり好きじゃないんですよ。言いたいことがたくさんあるんですけど、うまくまとめられなくて、妹とかすごく話すの上手だから、それでなんかなんでわたしこんなんなんだろうって思ってて。それでやっぱり子どもにそういうふうになってほしくないんで。

　伊藤さんは、長女で親にたくさん話したことでコミュニケーションがとれるようになった分、話すことが下手になってしまったと語っている。また自分の授業づくりにもそのライフストーリーが影響していると言う。

　だから授業やる前とかも全部自分の言葉とか作るんですよ。話の流れとか、今回ちょっとできなかったんですけど、いっつも自分が何を言って児童がこう返ってくるから自分はこう返すみたいな、何パターンかずっと打って作って、前日に1人でずっとしゃべってて夢の中でもしゃべってるみたいな。なんかうまくまとめられない。今日も結局登場人物の説明できなくなっちゃって。だからちゃんと言いたいことを伝えられるように、順序よく伝えられるように、まずは書くことから、っていう段階

　授業での発問もきちんと伝えられるように言葉を考えてくると述べている。児童にもきちんと考えさせてから発表させているのも、その考え方の表れであろう。伊藤さんの話に触発されて、市川さんも自分の児童の時のことを語り始めた。

　ぼくは話して聞き返されると言うよりは聞かれて話す、感じだった。親は「学校どうだった。今日何だったんじゃないの」って。逆にそれに慣れちゃってた。だから聞かれることに、何度も何度も繰り返されて。帰ってきて第一声、「学校どうだった。」弟なんかはそれがいやで逆にあまり話さない。帰ってきてランドセルおいて「行ってきまあす。」がちゃ。という感じだったから。（親が）「何してたの」から入ったり。

自分が小学生のとき、親から聞かれて話していたと語っている。また市川さんも自分の授業とつなげて以下のように語っている。

　発問を考える意味があるのか、ってぼく中学校の実習の時思って、それはとても意味があることだったんですけど、やっぱり発問考えないと1時間目でもすごいごろごろごろってなっちゃって。ある程度キー発問みたいなの必要だなって思ったんですよ。ぼくは割と児童を見てわかんないなっと思ったら口を出しちゃうので、でも逆にそれだと混乱して手が止まっちゃう経験もあって。ぼくはわかんないなっと思ったらばあっといろいろ言っちゃうんですよ。これでもか、これでもかってぐらい言っちゃって。結局なんだったんだろう。だからビデオとか見るといらない言葉が多いかなって。

　相手を見て言葉を付けたしてきた市川さんは中学校での教育実習で発問について悩んだと言う。その傾向はこの授業でも残っているが、そのようなフレームが市川さんの授業に表れている。
　このように市川さんは小学校時代の親とのやりとりやサークルでのライフストーリーと聞かれて付け足しながら会話を作っていくというフレームを結びつけている。その一方で伊藤さんは長女で親にたくさん話したが、うまく伝えられなかったというライフストーリーと一度で要領よく伝えるというフレームを結びつけている。またその両方が2人の授業にも自然と表れている。

6.2　話し合いとライフストーリー

　その後班活動をするか、学級での話し合いをとるかの議論に戻り、そこでもライフストーリーとつながるのか質問をすると、そこもつながりが見られた。伊藤さんは次のように語る。

　根本的に5人とか4人とかで少数で話し合うことは個が浮き立って好きじゃないんですよ。すごいちょっと違うことを言ったら批判の対象になる。逆に全体の中だといるかもしれない。先生もいるし、流してくれる。もし違

うこと言っても逆にそこまで浮き立たない。あんまり班活動は好きじゃなくて、わたしが中学生ぐらいの時にいじめられてて。(中略)すごく嫌われて、もう男も女も嫌われちゃって。<u>クラスの中に先生がいると、先生が自分のことを認めてくれているから、話しやすいんですよ。班の中だとすごく言いづらくて、</u>ちゃんと仲いい子はいたからちゃんと話したけど、いじめられたらいじめかえす、破られたら破り返すみたいな子だったから、全然大丈夫なんですけど。班の中ですごい、いづらかった。<u>どれだけ正しいこと言っても否定されるというのがちょっとあります。逆にクラスの中の方がいいです。これなんかすごい分かれそうで、いろんな意見が出てくると思ったんで、その意見をクラス全体で話してほしかったなって。だからあまり班というのをあまり考えてなかったです。</u>

　つまり班の話し合いで自分の意見が班で否定されてしまうおそれがあるから、全体で発表したかったという経験と、班で話し合うということを考えなかったことをつなげて考えていることがわかる。それは実際に伊藤さんの授業で、クラス全体で聞き合い、話し合うという体制をとっていたことにも表れている。それに対して市川さんは、

　<u>俺は全体で発表するのは嫌いだったの。この辺だけだったらやーってはしゃげるけど、全体になるとちょっとシャイになる。追及されると「いや、わかりません。」って。そこでこう先生と話そうとかあまり思ってなかった。</u>友達同士だったら「違くて」、とか言ってたかな。だから班にしなくても1分だけ時間をあげて、場面とかわからなそうだったから、それやっちゃうとよるっていうのもあるけど、そこらへん歩かせて、「こういう意見あるんだ、こういう意見あるんだ、だれの意見が良かった。」って、自分の意見じゃなくて。もしくは自分がこう思ってたけど誰々の意見を見てこう思ったみたいな

　市川さんは逆に班での活動の方が積極的に話せた経験があったことを述べている。それが実際に授業で、1分間周りと交流する時間を与えたことに表

れている。このように話し合いのフレームにも、ライフストーリーとのつながりが見られた。伊藤さんは班での話し合いでは自分の意見が消されてしまったというライフストーリーと、全体での話し合いをしようとするフレームとのつながりが見られた。市川さんは、班での話し合いだと自由に発言できた、というライフストーリーとグループでの話し合いをしようとするフレームにつながりを見ることができた。

7. 考察

7.1 フレームの明確化と準備教育としての教育実習

　以上のような調査から2点のフレームがライフストーリーと結びついて明らかになった。1つは話す力についてである。伊藤さんは、長女であるというライフストーリーを語りながら、きちんと要領よく1回で伝えるというフレームが、市川さんはサークルの会長、親との会話というライフストーリーから聞かれて付け加えるというフレームが明らかになった。2つ目は話し合いについてである。伊藤さんは、中学時代に班で自分の意見が消されたというライフストーリーから全体での話し合いを重視するフレームが、逆に市川さんは、自分が班では自由に話せたというライフストーリーから、班で話し合うことを重視するフレームが明らかになった。

　このように学生であってもライフストーリーと結びつけることで、フレームを明らかにすることができた。ライフストーリーと結びつけることで、無意識化していた自分のフレームや他者のフレームが明らかになる。自分のフレームが明らかになった学生は教員になったときに、自分が大切にしているものを自覚しているので、そのフレームを前面に押し出した実践ができるであろう。それが個性ある教師の第一歩であると考える。

　また、自分とは異なるフレームが存在し、自分のフレームが絶対でないことがわかるのも大きい。様々な価値観が複合的に存在する教育の場で、自分のフレームではどうしても指導しきれないときが来る。そのときに自分とは異なるフレームの存在を知っていることで、自分の実践を変えることができる。そういう意味で準備教育としての教育実習で自らのフレームや自分とは

異なるフレームの存在を知ることは、今後の教師として変容していく際に有効ではないかと考えている。

　この調査に協力してくれた学生がこの後どのようにフレームを変容させ、実践を変えていくのかは未知数である。フレームを明確化したとしても、それとは異なるフレームを受け入れるには抵抗感もあり、時間もかかるであろう。そのフレームがライフストーリーと結びついた深いフレームであればあるほど時間がかかるはずだ。自分のフレームを基盤とし、他者のフレームを受け入れて実践を変容させていく過程を今後も見続けていくことで、この研究がどのような形で教師の変容とつながっていくのか検証していきたい。

7.2　司会者の役割

　今回のように学生同士の学び合いの場合、司会者が必要だと痛感した。それは司会として第三者が議論を整理したり、ライフストーリーと結びつくような質問をしたりすることで、議論を深めることができたからである。司会者が論点を見極めることで本人同士が気づかなかった論点を見つけ、フレームの明確化に結びつけていくことができた。特に対象が実習生や学生、または初任者など自分の実践や他者の実践について語る経験が少ない場合には、司会者が質問や整理をしていくことは話し合いを深める上で有効であった。また今回は必要なかったが、授業者2人の議論で、授業場面を取り上げる際に2人の主観で議論が進んでしまうこともある。司会が授業記録を確認しながら話を聞く必要もあるだろう。

　それから司会が議論を進めては学び合いにならないので、論点を整理したり、確認をしたりする程度にする必要があろう。そういう意味で著者が司会として話す力の論点を確認した際に、伊藤さんがそれを訂正したような場面は、本人たちの学び合い、語り合いになっていて、司会が議論を進めていないことを象徴する場面と言えよう。

8. 課題

8.1 教育実習に活かすには

　教育実習では学生の負担はかなり大きいものがあり、時数的にも大幅に新しい内容を追加することは困難である。また今回の学生は4年生であり、実習を2回経験し、著者のクラスに実習が終わってからもボランティアに来てくれるほど意欲的な学生である。指導技術もそれなりに身に付いているし、授業記録をとることもできる。その2人だから授業が成立し、フレームについての議論までをすることができた。教育実習で自分のフレームの明確化をどのように図っていけばよいのだろうか。

　具体的には指導技術や授業記録のとり方など、基本的な技能が身に付いた実習の最終日に、このような学び合いをすることも考えられる。協議会は1時間程度で終わるので、1時間ずつ授業を見合い、そこで見えてきた違いから議論をすることは時間的にも可能であろう。しかし現実に全ての実習生が可能かどうかは未知数である。実際に教育実習に導入した事例については6章で述べる。

8.2 本質性の問題

　この研究の課題の2つ目は、学生のフレームがどれだけ本質的なものか、フレームと呼べるほど定まったものなのかは、はっきりとはしないことである。教員であれば、日々の実践を積み重ねているので、自分なりの方法が明らかになっており、定まったフレームをもっていることが多い。しかし、学生はそのような積み重ねがなく、定まったものなのかを検証するのは難しい。しかし学生には学習者としての経験がある。学習者としてのライフストーリーと結び付けることで、学生が学生の段階なりに定まったフレームを明らかにすることができたのではないか。学生が自分を振り返り、自らが学習者のときに無意識に作っていたフレームを意識化し、異なるフレームの存在を知ることは、教師としてスタートを切る上で有効だと考えている。そのためできるだけフレームをライフストーリーと結びつけて、フレームを個性的なものとして尊重していく必要があるだろう。そのフレームで実践を積み

重ねて、自分のフレームをより明確にし、将来的に異なるフレームも受け入れていければと考えている。その課題については次章で述べることとする。

注

133 山﨑準二『教師のライフコース研究』(創風社 2002) p.315
134 金子守「教育現場から見た教師教育の問題」全国大学国語教育学会編『国語科教師教育の課題』(明治図書 1997) p.206
135 佐藤学『教育方法学』(岩波書店 1996) p.153

第5章
協働学習的アクション・リサーチの実践3
2年後に学生のフレームはどう変容したか

1. 研究の目的

　前章で述べたように基本的な指導技術を身に付けながらも、実習生自身が自分の進むべき道を見つけるような準備を整える教育実習が必要だと考え、市川さん、伊藤さんという学部4年生に協働学習的アクション・リサーチの実践を行った[136]。

　その結果2点のフレームがライフストーリーと結びついて明らかになった。1つは話す力についてである。伊藤さんは、長女であるというライフストーリーを語りながら、きちんと要領よく1回で伝えるというフレームが、市川さんはサークルの会長、親との会話というライフストーリーから聞かれて付け加えるというフレームが明らかになった。2つ目は話し合いについてである。伊藤さんは、中学時代に班で自分の意見が消されたというライフストーリーから全体での話し合いを重視するフレームが、逆に市川さんは、自分が班では自由に話せたというライフストーリーから、班で話し合うことを重視するフレームが明らかになった。

　このように学生であっても学習者としてのライフストーリーと結びつけることで、フレームを明らかにすることができた。学習者としてのライフストーリーと結びつけることで、無意識化していた自分のフレームや他者のフレームが明らかになる。自分のフレームが明らかになった学生は教員になったときに、自分が大切にしているものを自覚しているので、そのフレームを前面に押し出した実践ができるであろう。それが個性ある教師の第一歩であると考える。

　また、自分とは異なるフレームが存在し、自分のフレームが絶対でないこ

とがわかるのも大きい。様々な価値観が複合的に存在する教育の場で、自分のフレームではどうしても指導しきれないときが来る。そのときに自分とは異なるフレームの存在を知っていることで、自分の実践を変えることができる。そういう意味で準備教育としての教育実習で自らのフレームや自分とは異なるフレームの存在を知ることは、今後の教師として変容していく際に有効ではないかと考えている。

しかし、学部生段階の調査研究であるので、4章ではフレームを、学習者としてのライフストーリーからフレームを明らかにするところまでしか行えていない。そこで明らかになったフレームにその後教師としてのライフストーリーが重なって、どのように変容したり、深まったりするのかを課題としてきた。

そこで本研究では当時の学部生が2年間教員として経験を経て、どのようにフレームが広がり、変容したのかを明らかにすることを目的とする。具体的には新しいフレームがどのように形成されていったのか、以前明らかになった2点のフレームがどのように広がり、深まったのか2つに絞って見ていく。

2. 研究方法

2.1 研究の対象

研究の対象は、4章でフレームを明らかにした学生である。その後2人とも東京都の小学校教員となり、2010年度で2年目の教員である。2010年度は男性の市川さん（仮名）が3年生の担任、女性の伊藤さん（仮名）が4年生を担任している。

2.2 研究の方法

2010年度3学期で授業をビデオでとってもらい、それを著者と3人で授業のビデオを見た後、協議会を開いた。

協議会では相手の授業を見て、自分とは異なるところを指摘し、議論をしてもらった。ただ話し合いをしていてもフレームのところまで議論は深まら

ないと予想し、著者が司会として議論を整理し、ライフストーリーと結びつくような点があれば質問を行うようにした。

3. 授業の実際

3.1 授業Ⅰ―ごんぎつね

　最初に授業のビデオを見せてくれたのは伊藤さんである。伊藤さんはまず、全員で1場面を音読させ、読みの視点と言って、「ごんがどんなきつねなのか考えよう」と「なぜごんはいたずらをしたくなったのか」とあげさせ、中心課題とした。そして子どもが教材文の印刷されているワークシートに思ったこと、考えたことなどを自由に10分間書き込ませた。教師が司会をして子どもが全体の場で話し、それを板書で記録していく。最後にその板書からまとめをするという流れである。この授業の特徴として2点あげられる。1つはまとめ以外は多少中心課題からずれても自由に意見を言わせるということだ。

伊藤：ゆうじ君
ゆうじ：5行目で「ごんぎつねというきつねがいました。」というところで、なんでごんぎつねっていう名前なのかと思った。
多数：ああ、そうそう。
伊藤：書いている人たくさんいたよね。(板書をする。)何でこんな名前なの。ゆかさん。
ゆか：ごんぎつねがお父さんとお母さんがいないのに、どうしてごんぎつねっていう名前なのか。
伊藤：(笑顔で)なるほど。両親いないのに名前があるってどういうこと。まりさん。
まり：同じところで、ごんぎつねっていう名前なのに、どうしてごんってよばれちゃったのか。
伊藤：ごんぎつねっていう名前なのに、ごんはあだ名みたいだね。ひろかさん。

ひろか：ごんぎつねっていうところで、両親がいないし、きつねってしゃべらないし、人間にはわからないし、どうしてごんぎつねってわかったのか。
C：（小さい声で）お話だから。
伊藤：誰が？
ひろか：両親がいなくてどうして名前があるのっていう意見があったけど、もし両親がいたとしても名前はどうやってわかったの。
伊藤：（笑顔で）そうだね。わかんないよね。実際は。適当につけているかもしれないね。ちょっとまって、話がずれてきたから、続き行きます。

　子どもたちに書き込みで思ったことを自由に書かせ、それを発表しているため、「どんなきつねか」「なぜいたずらをしたのか」という発問からずれても、子どもたちは自由に発言をする。下線部でもわかるように伊藤さんはそれがずれであることを認識しているが、それでも伊藤さんはできるだけ多くの子が発言できるようにするためか、子どもの発言を笑顔で受け止めている。
　2つ目は子どもの意見が書かれた板書から、最後にまとめていく形をとるということだ。本時では以下のようにまとめが行われた。

伊藤：戻りますが、なんでいたずらしたかったんだっけ？まりさん
まり：相手にしてほしかったから。
伊藤：相手にしてほしかった。はい、かまってほしかったというのがありましたね。（児童の発言の板書に線を引きながら）じゃあ、なんでかまってほしかったんですか。かえでさん。
かえで：両親とかもいなかったから、ひとりぼっちだったから。やめてとか、そういうことをいってもらえなかったから。
伊藤：なるほど。ひとりぼっちだからかまってほしかった。（板書に線をひきながら）じゃあ、まとめようか。ごんはけっきょくどんなきつね。意地悪なきつねなのかな。ここに出てくる言葉でまとめてみようか。（板書を指さしながら）はな子さん。
はな子：1人で寂しかったからいたずらをして、かまってほしかったから、

いたずらをした。
伊藤：なるほど。1人ぼっちで、さみしくて、かまってほしかったからいたずらをするようなきつね。はい、きよ子さん。
きよ子：はな子さんの付け足しなんですけど、かまってほしくていたずらをしていたら、くせになって村の人を困らせる。
伊藤：村の人が困っちゃったと。なるほど。えーときつねの性格として最後の1場面の①のさいごのところにごんぎつねの性格をまとめてみてください。1人ぼっちで、さみしがりや、かまってほしいごんぎつね。

　自由な雰囲気で子どもの発言した記録を板書として残し、下線部のように板書から子どもたちが言葉を選んでまとめるという形であった。

3.2　授業Ⅱ―おにたのぼうし

　次に授業を見せてもらったのは市川さんである。市川さんは最初に「女の子の家のまずしさがわかる表現を見つけよう」と中心発問を画用紙に書いて示し、授業をはじめた。まずクラスで教材文全文を読み、まずしさがわかるところを教材文から探し、波線を引かせた。
　子どもたちが線を引き終わった後、教師が司会をしながら見つけたところを理由とともに発表するという授業である。子どもたちが発表するであろう文章をあらかじめ教師が画用紙に書いて用意しておき、子どもが発表したら黒板に貼っていく。そして最後に自分が気づかなかった部分を教材文に線で引いて終わるという学習であった。
　この授業の特徴は2点ある。1つは同じ表現で理由が違う意見を聞くところである。

市川：はい、じゃあ答えてくれる人。ひかる君
ひかる：73ページの23段落の1行目の「台所がからんからんにかわいている。」
C（多数）「かんからかん」
ひかる：「かんからかんにかわいている。」

C（多数）「同じです。」
市川：同じ人。（多数手を挙げる。）おろしてください。ひかる君どうして。
ひかる：「かんからかんにかわいている。」ということは、水がない。だから貧乏だから水がない。
C：（小さい声で）水だけじゃないよ。
市川：<u>他にこれの理由ある人。</u>りょう君
りょう：水がないと食べ物がない。
市川：どういうところからわかった？
りょう：えーとね、73ページの
市川：ちがうでしょ。「かんからかんにかわいています。」というところから食べ物がないというのはどういうこと。
りょう：「かんからかん」ということはからっぽみたいな感じ。
市川：「かんからかん」だからからっぽということと、ひかる君が言ってくれたみたいに「かわいています」というところから水がない。

　授業者が下線部のように司会をして、同じ表現だが理由の違う人はいないかを聞き、話し合いを深めていた。
　もう1つは細かい言葉に注目して読ませているところである。例えば次のような場面があった。

市川：まいさん
まい：71ページの前から2行目の「ひいらぎも飾っていない」
多数：同じです。
市川：まいさん、どうして。
まい：ひいらぎの葉を飾れないほどお金がないから。
市川：なるほどね。他の家はどうなんでしょう。
数人：飾れる
市川：これ、他の意見ありますか。しゅん君。
しゅん：普通、節分ならとなりのうちにおすそわけしてもらったり、買ったりするけど、このうちはひいらぎを買ったり、もらったりできないから、ま

ずしい。(子ども数人手を挙げる。)
市川：ちょっと手を降ろして注目してください。(「ひいらぎも」の「も」に○をつける。)
数人：「も」。ハイハイハイ！(多数手を挙げる。)
市川：ひいらぎもってことは他もあるよね。たいじ君、他に。
たいじ：「豆のにおいがしない」

　下線部のように助詞「も」に注目させるなど表現の細かい部分にも子どもたちに着目させている。子どもたちの読みを広げている。

4. 新しいフレームの発見

　2人の話し合いでまず明らかになったのは2人の発問の違いである。伊藤さんは「どんなきつねか」と問うているのに対し、市川さんは「貧しさがわかる表現を探そう」と、表現を探させている。それについて伊藤さんは以下のように言う。

伊藤：私は縛りたくなかったからです。縛ると子どもから意見がでないんです。いろんな子どもから意見を出させたくて、できない子でも何でも書かせたくて。好きに書き込みしていいよって言う授業にしてるんですね、最近は。それは一緒に学年を組んでいるベテランの先生の意見なんですけど。やっぱりどんなきつねなのかちりばめられているんだと思うんですよ、ひとつの行動とかじゃなくて、これをやったのは何でだろうって。

　指導教諭の影響と、縛りたくないという気持ちから書き込み式という方法を用い、「どんなきつねか」と発問したと述べている。それに対し、市川さんは

市川：どんなきつねなのかわかるところをぱっぱっぱっと広げていくというよりは、ごんぎつねがどんなきつねかわかるところを探してごらんということになる。(中略)でも指導教諭はそんな感じですね。それこそ国語の人じゃ

ないんだけど。ごんはどこに住んでいる？穴の中みたいな。雨がふっていて出られなかったというところをぴーって引いて。その程度。指導教諭はそこどまりなんですよ。だから指導教諭のワークシートは教科書を見ればかける。ぼくはそれが嫌で。指導教諭の国語は全くつまらない。ワークシートわたして15分ぐらいあげてうめてごらんみたいな。すごい静かなんですけど考えなくてもできる。ぼくは時間がかかるんですよ、国語は。

　市川さんは指導教諭の授業を批判的に考え、それを乗り越えようとして以下のように言う。

細川：同じ表現だけど違う理由はあるって聞いていたじゃない？
市川：そこから考えることは大切だと思ったんですけど。表現を見つけようということはよく言いますね。最初から。指導教諭の授業はつまらないから、それこそ気持ちを考えようだったり、そこからわかることを広げたり。古いって言うのはどういうこと？物置小屋に住んでいるから、古いんじゃないのとか、ずっと必要だからじゃないのとか、言葉に着目させてというのは結構あるので。その表現を見つけようとか、その言葉を見てとかいうのは言いますが…。
細川：それは学生時代から。
市川：それこそ文章論ゼミ時代から。文章論でやったみたいにここに「が」があるからどうとか、「ました」だからどうとは言いませんが、学生のうちから一文一文、一言一言にかなり着目しちゃうなあと自分で思います。

　また次のようにも市川さんは言う。

市川：でも言ったことの子どもの捉え方によってばっと手があがることもあれば、何を言っていいんだろうという時もある。子どもが先生どういうことって聞き返してきたりする。先生よくわかんないって言ってくれたりして。どんなきつねなのかもそうなんですけど、どんなとかどのようにとかという言葉を言っちゃうと何をすればいいのかわからなくなっちゃうことがあ

市川さんは指導教諭の授業から言葉を選ぶだけでなく、そこから気持ちを考えたり、広げたりすることを考えた。またそのような言葉に着目する姿勢は学部時代に研究していた文章論ゼミの影響もあると述べている。

　つまり2人とも言葉から広げようというところは同じであるが、「どんなきつねか」と開いた発問にするのか、「表現を探そう」と限定的な問いにするのかが、2年間という短い教師生活のライフストーリーではあるが、フレームが形成されている。伊藤さんは指導教諭の影響を受け、全員が参加できるような発問を考えるようになり、市川さんは学部時代の文章論ゼミのこと、そして指導教諭の授業を批判的にとらえたこと、そして発問がうまく伝わらなかったこと、というライフストーリーから、言葉を選ぶという発問をしている。

　自分の学習者としてのライフストーリーだけでなく、子どもの反応や職場での指導教諭という教師としてのライフストーリーが2人のフレームにつながってきたと言えよう。

5. 以前のフレームの変容

　先にも述べたように、伊藤さんと市川さんは話す力とグループ学習についてのフレームを以前明らかにしている。それがどのように変容していったのかを見ていく。

5.1　グループ学習について

　グループ学習について伊藤さんは次のように言う。

伊藤：<u>ものによってはグループでやったりしてます。</u>全体に言えるとか言えないじゃなくて意見を出せない子がいるんですよね。その子たちが何かしらノートにかける状況を作ってあげて、だから班の子どもの中で1人2人できる子がいて、その子が意見を出せば自分で意見を持った気になっちゃうよ

うな。自分の中で意見をもっていなくて、班の中で意見を交換したときになるほどって思えって、結局全体でも発言しないんだけど、意見をもったなって勝手に思ってくれる。全体意見の前でワンクッションおいてあげることで自分の意見を持った気になってくれる。グループの中での話し合いもときどきさせるようになってきました。国語ではいつもこんな感じで全体です。社会とかはときどきそんな感じでやっています。

　伊藤さんは意見を出せない児童のことを考えて、グループも取り入れるようになったと話している。国語ではいつも全体で話し合うので、全体で話し合うべきとの考え方は変わっていないが、理由に意見を出せない児童への対応が入り、グループの学習を取り入れるようになっている。以前は自分の意見が消えてしまったという学習者としてのライフストーリーだけだったが、それに教師としてのライフストーリーが付け加えられている。
　市川さんも次のように言う。

市川：<u>グループやらないですね。話し合いにならない。発表の仕合いにはなるんですけど、話し合いにはならない。</u>
細川：具体的に言うと？
市川：自分で書いたことを言って。それぞれ意見を聞いて、自分の意見と比べて、グループ何回かやったんですけど。国語と理科で。理科で実験の予想をさせたり、ぼくはこうです、こうですってやって、ぐちゃぐちゃって。グループでうまくいったのは絵文字発表会で、それぞれ自分の作った絵文字の条件を読んで、はっきり分かる、楽しい・親しさ、言葉や年齢が違ってもわかるというのを学んだ上で、じゃあ実際に絵文字を作ってみようということで、作らせて、それをアドバイスし合おうという授業をしたんです。絵文字を見せて、ぼくが作った絵文字はこういうのです。使う場所はこういうところで、工夫したところはこういうところとまずはっきり言ってアドバイス書く紙と自分も参考にしたいよかった点を書く紙を用意して、発表した後２分間時間をあげて書かせて、そのアドバイスを発表し合う。発表者がどうしてそう思ったんですかとか少し交流させて、ていうのをやったら絵文字は良

くなったんですよ。それぞれ発表を聞いてなるほどそうかっていうのがあったんですけど。<u>相手のことを知るという意味でグループはいいんですけど考えを深めるという点になると、あまり使えないなあと思いました。</u>あまり話し合って、そのグループでなるほどそういう考えもあるねっていうレベルになるまでは話し合えてないかなって。

　グループは発表の仕合いで終わってしまったという教師としてのライフストーリーがグループ学習を多く取り入れたいというフレームを変容させている。ただ全てを変容させたわけではなく、話し合いではなく、相手を知るという形でのグループ学習を取り入れ、考え方が多様化していると言えよう。

5.2　話す力について

　話す力に対する考え方も変容してきた。市川さんは次のように言う。

市川：それはもうはっきりと変わりました。<u>子どもたちは書いてからの方が考えがまとまるんだなというのがわかりました。</u>アドバイスカードをさせた時に、すごく思いました。あれだけ子どもたちが、自分の作った絵文字にいろんなことを聞いて、考えて、本当に良くなったんです。絵文字ってぱっとすぐにわかればいいんですけど、そこがちょっと絵文字から離れた所もあるんですけど、アドバイス聞いてこう変えたんだって言うのがわかるようになったのが、そのアドバイスがよかったからで。なんでそのアドバイスが良かったかというと、すぐぱっと言えるのは書いてからの方が確実に伝わります。自分の考えがまとめられるんだなって。

　聞きながら考えて話すよりは、書いてから話した方が話しやすいという教師としてのライフストーリーがフレームをはっきりと変容させている。伊藤さんは次のように言う。

伊藤：<u>最初に書かせているので、根本的には変わってないと思うんです。発表の中で気付いたことはどんどん言っていこうねっていうスタイルになって</u>

いるので、変わってきたのかな。思ったことを言うと唐突でわけがわからないことを言う子もいるんですけど、根本的に自分の書いてあることがあって、そこから友達の意見を聞いて深まったのを出してくれることがあるので。私のだとずっと話し合っているシーンばっかりで、書く時間とか取っていないのでは。発表させている間は書かないっていうのもあるので。聞いて考えてっていうのも増えていますね。やっぱり書かせてから発表というのは根本というか。

　伊藤さんは逆に書いてから考えさせるけれども、その中に聞いて考えさせることも取り入れるようになってきている。これも話す力に対するフレームが教師としてのライフストーリーがかかわって根本的には変わっていないが、相手のよいところをとりいれながら変容しつつある。

6. 考察

6.1　教師の成長―寛容さについて

　以上フレームの変容をとらえてきた。1つのライフストーリーからは1つのフレームしかとらえられない。自分とは異なるフレームを受け入れるためには、自分のフレームを明らかにし、相対化する必要がある。この場合で言えば児童や指導教諭と接する中で生まれた教師としてのライフストーリーによりフレームが、相対化している。

　コルトヘーハンは、実習生が、学校教育における生徒としての長年の経験に深く根差した知識、態度、信念をもって教師教育に参加してくる[137]ことを「先入観」[138]と呼び、それを変化させようとしている。しかし、協働学習的アクション・リサーチでは、学習者としてのライフストーリーを先入観として教師教育で消し去るのではなく、それを大事にして個性ある教師への第一歩にしていくことができるのである。伊藤さんは次のように言う。

伊藤：昔より堅苦しくなくなったかなって。自分の中でいろんなキャパシティというか、いろんな授業を見てきたし、結局大学の授業で勉強したこと

しかなくて、今までの自分と重ね合わせてこういう授業をしたいだけで、夢と理想だけで生きてた。今回いろいろわかってきたから。<u>こういうのもあるんだなって寛容さがでてきました。</u>

　伊藤さんは学習者としてのライフストーリーと結びついたフレームとは異なる、教師としてのライフストーリーから生まれたフレームを受け入れたことを寛容さと表現している。市川さんも聞きながら考えるというフレームをもっていたが、子どもの実態に合わせて書いてから発表させるというように他のフレームで対応するようになっている。
　このような寛容さをもつということは教師にとって必要不可欠なことである。なぜならショーンのいうフレーム実験が行えるようになるからである。
　フレーム実験(frame experiment)とは、対処可能な問題へと容易に置き換えることができない問題状況に自分が陥っていることに気付いた時、実践者は問題を設定する新たなやり方、つまり新たな枠組み（フレーム）を構成する[139]こととショーンは言う。フレーム実験により状況をさまざまなフレームで受け止めた時に、同じ事実に対して違った形式で注意を払ったり、違った方法で見たり、違った基準で効果を判断したりするようになる。(中略)そしてよりよいシステムやモデルになるよう、事実や基準などのまとまりに焦点をあてて、隠れていたフレームを明らかにし、異なるフレームを理解する方法を見つける[140](筆者訳)とショーンは主張している。
　寛容になること、自分とは違うものを受け入れるようになることは現在の教師として必要不可欠なことである。現在の教室には多様な児童、保護者がいる。これから先、自分のフレームでは対応しきれない複雑な状況に出会うことがあるはずである。そのときに多様なフレームがあることを知り、それを受け入れる寛容さをもっていることは、フレーム実験を可能にさせる。いろいろなフレームで状況をとらえることで、その状況に対応できる新しく、深いフレームを構成することにつながると考える。

6.2　教師の変容の背景─2種類の教師としてのライフストーリー

　市川さんも伊藤さんも、どうしてこのような授業をしたのか、という問い

に対して、学部生段階のときは自分がこうだったという学習者のライフストーリーを語ることが多かった。本来であるならば、ライフストーリーには、子どもとの授業経験、職場経験といった教師としてのライフストーリーだけではなく、学習者としてのライフストーリー、研究会でのライフストーリー、そして1人の人間として、家庭人としてのライフストーリーもかかわってくるはずである。しかし、今回の研究では2人とも、学習者としてのライフストーリーは市川さんの文章論ゼミ以外は語られず、語られたライフストーリーのほとんどが、教師としてのライフストーリーであった。

　そのことから、教師の変容の背景として2つのことが考えられる。1つは教師としてクラスの子どもと出会い、授業を作った、言わば教室内のライフストーリーがとても大きな背景になっているということだ。市川さんが、絵文字発表会でうまくいったことと、うまくいかなかったことを具体的に語っていた。伊藤さんも以下のように言っていた。

伊藤：私はよく、子どもが自分の想像をはるかにこえてすごい鋭い意見を出してくれたりします。だから授業中に勉強するというか、私が。なるほどっていうことがよくあります。

　授業をすると子どもはこちらの予想をこえることが多くあり、それによって教師が変容していくことは、藤森の予測不可能事象の研究[141]でも多く述べられている。初任期の教員にとっては、それは大きな変容のきっかけとなることが考えられる。

　もう1つは職場で指導教諭と出会って生まれた、言わば職員室でのライフストーリーである。伊藤さんは指導教諭を尊敬する先輩として、市川さんは指導教諭を乗り越えるべき存在として語っている。伊藤さんは、指導教諭のことを以下のように言う。

伊藤：私、すごい好きな先生がいるんですけど。去年6年生の先生で、算数が専門なのでよく見に行きました。基本的に子どもしかしゃべってないです。先生後ろにいるの。それで子どもが司会も全部やっていて、お題は決

まっているんですけど、そこまでもっていけるのがすごいなって。

　初任期の教員にとって、指導教諭は最初に接するモデル的存在であるため、それが理想とあっていれば憧れる対象となり、異なっていれば乗り越える対象となることが考えられる。
　このように教室でのライフストーリーと、職員室でのライフストーリーが、教師としてのライフストーリーとして、初任期のフレームの変容の大きな背景となっていると言えよう。

6.3　教師になっていくこと―学習者でなくなること

　教師として成長すること、それは、言い換えれば教師になっていくことでもある。それは学生時代に学んだこと、学習者として感じていたことが埋没してしまうことでもある。先にも論じたように2人とも2年間という短い教師としてのライフストーリーが前面に出てきており、語られた学習者としてのライフストーリーは市川さんの大学でのゼミの経験のみである。伊藤さんは学生時代と現在の変化について以下のように言う。

伊藤：結局大学の授業で勉強したことしかなくて、今までの自分と重ね合わせてこういう授業をしたいだけで、夢と理想だけで生きてた。

　それから市川さんも

市川：現実を知ったという感じ。子どもにこうさせたいという。結構この1年やって言われることもあるし、自分でも思うんですけど理想が高い。

　と述べ、児童の実態に合わせていくことを重視している。このようなことから考えると、学生時代までに積み重ねた学習者としてのライフストーリーは教師としてのライフストーリーに埋没してしまったと考えられる。コルトヘーハンは（教師は）、最新の科学的洞察を学習や授業に持ち込むのではなく、学校で行われている既存の実践に適応し始め、初任の教師が、教師教育

があまり理論的で役に立たないと考える、という教師に共有された習慣を身につける[142]と述べている。

では学部生段階の協働学習的アクション・リサーチは全く意味がなかったのか、というとそうとも言い切れない。実際に伊藤さんは次のように言う。

<u>最初に書かせているので、根本的には変わってないと思うんです。</u>

また市川さんも次のように言う。

でも<u>グループ活動のほうがやっぱり楽しい</u>というので。絵文字発表会のときは子どもも楽しかったって言ってたので。

伊藤さんも市川さんも前回明らかにしたフレームで変えていないところは変えていない。これは現実にもまれながらも明らかにした根本のフレームが変わっていないからであろう。このような学習者としてのライフストーリーに、教師としてのライフストーリーが融合し、成長していく様子を今後も追跡していく必要があるだろう。

6.4 課題

2人はまだ2年目の教員である。自分のライフストーリーに子どもや指導教諭と接して生まれた教師としてのライフストーリーを重ね合わせて、自分の新しいフレームを作りだそうとしている。しかし現実に合わせて自分のフレームを修正しているという見方もできる。フレーム実験を行うところ、個性ある教師として変容したと断言できるところまではたどり着いていない。

また先にも論じたように教師の変容には、子どもとの授業のやりとりだけではなく、職場環境や研究環境、家庭環境も含めて、いろいろな要素が考えられる。本研究では、教室でのライフストーリーが中心であったが、これから2人が教師として変容していく中で、職場などの影響も増えてくると思われる。また今回は2人とも学部卒業直後であるため、語られることはなかったが、2人が経験を積んで行くにつれ、研究会でのライフストーリーや

家庭人としてのライフストーリーなど、実人生全体とかかわらせながら、見ていく必要がある。

　しかし2人は、これから多様なライフストーリーを生み出し、悩みながらフレーム実験をしていく過程で、自分が大切にする、核となるようなフレームが明らかになってくる段階がこれから来るのではないかと考える。多様なフレームを知ることも大切だが、根本となるフレームがないと自分が何をすればいいのかわからなくなってしまうことが考えられる。今後2人がどのように育ち、自分のフレームを確立していくのか、今後また調査していきたいと考えている。

注
136　細川太輔「学生の学び合いによるフレームの明確化」『国語科教育』第67集（2010）pp.35–42
137　F. コルトヘーハン著　武田信子監訳『教師教育学』(学文社 2010)　p.46
138　F. コルトヘーハン著　武田信子監訳『教師教育学』(学文社 2010)　p.46
139　ドナルド・ショーン著　佐藤学　秋田喜代美訳『専門家の知恵』(ゆるみ出版 2001) p.78, 79
140　Donald A shön *education the reflective practioner* Jossey-bass 1987 p.250
141　藤森裕治『国語科授業研究の深層―予測不可能事象と授業システム―』(東洋館出版 2009)
142　F. コルトヘーハン著　武田信子監訳『教師教育学』(学文社 2010)　p.14

第 6 章
協働学習的アクション・リサーチの実践 4
教育実習における協働学習的アクション・リサーチ

1. 課題意識

　4章の課題として、教育実習に実際に活かすことができるのか、という検討課題が明らかになった。教育実習では学生の負担はかなり大きいものがあり、時間数も限られているので、大幅に新しい内容を追加することは困難である。また対象の学生は4年生であり、実習を2回経験し、著者のクラスに実習が終わってからもボランティアに来てくれるほど意欲的な学生である。指導技術もそれなりに身に付いているし、授業記録をとることもできる。その2人だから授業が成立し、フレームについての議論まですることができたと考えることもできる。

　そこで本研究では実際の教育実習で協働学習的アクション・リサーチを用いるとどのようになるのかを明らかにし、有効性を論じることを目的とする。

2. 研究方法

2.1 研究の対象

　研究の対象は、東京学芸大学の学部3年生で、著者の学級の教育実習生4人である。東京学芸大学では学部3年生で基礎実習と呼ばれる、附属学校で最初の教育実習を受けるカリキュラムになっている。実習生は、それぞれ講座が違っていて、国語科の会田(女性)、社会科の新井(男性)、理科の飯田(男性)、家庭科の三輪(女性)の4人(全て仮名)である。

2.2　研究の方法

3週間の教育実習の最終日に、著者の担任する5年生のクラスで国語の授業を2人に1時間ずつしてもらった。教材は教育出版5年下「森を育てる炭づくり」で、単元として5時間計画の4時間目を飯田さんに、最後の5時間目を会田さんに授業してもらった。授業中に実習生は授業記録をとり、協議会に備えた。

協議会では、まず自分の授業の意図、ねらいを話し、自評を行う。その後で相手の授業を見て考えたことを指摘してもらった。ただ話し合いをしていてもフレームのところまで議論は深まらないと予想し、著者が司会として議論を整理し、ライフストーリーと結びつくような点があれば質問を行うようにした。

3.　授業の実際

3.1　授業Ⅰ―事実の文と意見の文

最初に授業をしてもらったのは飯田さんである。飯田さんは、第3段落で、文を事実の文か意見の文とはっきりとわけるのではなく、両方の視点で考えられるようにすることを目的として授業を行った。まず、教科書の範囲を音読し、それから児童があげた文について、それが事実の文と意見の文と両方で考えようと投げかけ、子どもの意見を発表させるという授業であった。

3.2　授業Ⅱ―著者の主張を考えよう

次に授業をしてもらったのは会田さんである。会田さんは、最終段落を担当し、著者が最終段落でどんなことを伝えたいのかを考えるという授業を行った。まず黙読をし、著者が何を伝えたいのかを発表する。その後にそれに対して自分はどう思うのかを話し合い、最後に同じ文章でもいろいろなとらえ方があるということを会田さんが話して終わるという授業であった。

4. フレームの明確化の過程

4.1 フレームの明確化―板書の違いについて

　授業が終わり、お互いに授業について自評を行った後、相手の授業を見てどのように感じたのかを話してもらった。そこで新井さんは2人の授業の違いについて、以下のように話した。

新井：質問なんですけど、I君は教科書に書いてあることをいっぱい板書して、長い文章でも板書してたんですけど、その理由とかってあるんですか。

　このように新井さんは文章をそのまま全部書いた飯田さんの板書に対して疑問をもつ。それに対して飯田さんは

飯田：うーん。本当にわかんなくなって全部書くしかなくなっちゃって。

と言って、意図的ではないことを説明している。その後しばらく別の話があった後に、

新井：文章を全部書くというのはあっていいと思うんですよ。ただ意見を書く、この文章を書くだけで、教科書だけでなくて、黒板見ながら授業ができる、という点では前を見ながら集中できるという点ではいいと思うんですけど。他の部分で事実とか意見とか、ラバンの木で材料に適しているからというのを書いているんですけど、ラバンの木の説明でもラバンの説明でも一応わかると思うので、肉付けが多いような気がする、その結果子どもの意見が手をあげている子がたくさんいるので、時間をかかってしまうので、要点を絞った板書は大事じゃないかな。

　要点を絞った方がよいのではないか、という価値づけをしながらも、文章を全部書くことを受け入れるようになってきている。そして、

新井：会田さんはまとめ上手で、逆にまとめることは、児童がいっぱい言ったことを集約することになるので、もれがあるかもしれないし、

と要約することの危険性を認識した。このように実習生同士の語り合いで論点が明らかになってきた。それは板書をどのようにするのかという論点である。全部を板書をすることは、時間がかかるという欠点があるものの、もれなく書けるという利点がある。それに対して、要約して板書をするというのは、時間が短縮できるという利点があるが、児童の意見をもらしてしまうという欠点がある。2つの価値観が並列する状況が生まれた。

4.2　ライフストーリーとの結びつき

このように明らかになった違いを対立として終わらせるのではなく、ライフストーリーと結びつけることで、なぜそのようにしたのかを語らせる。人それぞれ違ったライフストーリーがあり、それに基づいたフレームで実践をしていることを知ると、それは自分とは異なるフレームを尊重することにつながり、教師の変容を生み出すきっかけとなる。飯田さんは次のように言う。

飯田：意味あるのか、というのは考えながら書いていたんですけど、結局最初書いたので、2個目も書くことになって今回はその文が事実か意見かを考えるために書いたので、単語1つで考え方が変わるかも知れない、というのがあって、全部書いたのかも知れない。そのままを見てほしかったのかもしれない。

と述べ、自分の見方について少し肯定的にとらえ始める。そこから飯田さんと会田さんの語り合いが始まっていく。

細川：会田さんは？
会田：まとめて書いた方が自分はわかりやすいタイプだということが1つと、そんなかっこいい理由ではなく、単に自分が一度に2つのことをする

のが苦手で、言っていることを書いているうちに、次のことを言われていて、そのときにしっかりとこう思っているからこうなんだという意見として、自分の中で処理ができないので、要点を押さえていくことでしか処理ができない、というだけのこともあります。その方が多分影響が強いと思います。
飯田：それ言ったら俺もまとめるのが多分苦手なんだと思う。
会田：でも今聞いててわかったのは、聞けている。ちゃんと。書けてるから。わたしは聞いてて書いているうちに、何言ってたんだっけってなっちゃうから。（中略）書いているうちに何言ってたか、わからなくなって理解が追いつかなくなってしまったんですよね。そういうことがあったので、要点を押さえてしっかり聞いた後に、こういう話だったなというのをまとめて書くという方法でしか、子どもの意見からずれない方法が見つからなくて、

　このように飯田さんの話を受けて、自分が要約することでしか、板書ができないことを話し始めた。著者がライフストーリーと結びつけるように質問をしたところから飯田さんはライフストーリーと結びつけながら語り始めた。

細川：飯田さんがノートをとるときってどういうふうにとる？
飯田：全部写してます。全部書いていると思います。まとめるのが全部だめです。
細川：いつぐらいから自覚がある？
飯田：小学生ぐらいですかね。作文とか得意じゃなかったんで。話がつながらないっていうか、まとまらないというか。そして、何々。そしてという形で、そしてがずっとつながってしまう作文を書いていた記憶があります。そして先生にまとめろよって言われて。作文を書くたびに、まとまらなくて悩んでいたという記憶があります。言いたいことがあっちこっち行ったり。言いたいことが言えてなかったというのは結構ありました。それで文を作るというのか、苦手意識が高い。まとめて要点だけを伝えるというのはちょっと苦手なところがあります。

と述べ、自分がノートをとるときや、小学校から作文を書くことや、まとめることに苦手意識があったことを語っている。それに対して会田さんは、

会田：高校とかの授業で、先生が書いていることで、ここはいらないな、と思うところは自分のわかりやすいようにノートをまとめることはよくあります。例えば炭について調べようとか、炭の特徴について調べよう、というタイトルがついているのに、炭はにおいをとりこむ成分がある、炭は何々だ、というように炭という言葉がはいっているのは、私にとっては炭って書いてあるからわかる、無駄な言葉なので、省いて自分が見てぱっとわかりやすいように、そこは炭とは書かないでまとめると思います。そういうことを日常的によくやっています。
著者：自覚があるのはいつぐらいから。
会田：いつぐらいだろう。結構自分が不器用で1つのことしかできないと思っていたのは小さいころから思っていて、そういうふうに書いたり、するときに、そうやっていくしかないな、と思ったのは中学校2年生とか、3年生ぐらいだと思います。

　中学、高校時代から2つのことを同時にできない、という思いや、ノートをまとめてきた学習経験があったことを語っている。

5. 考察

5.1 板書とライフストーリー
　板書の違いをライフストーリーと結びつけて理解することができた。飯田さんはまとめるのが苦手という思いがあり、普段ノートを書くときから全て書くようにしていて、それが全部書く板書にも表れている。逆に会田さんは2つのことを同時進行ですることが苦手、つまり聞きながら書くことが苦手であるという思いがあり、普段ノートを書くときから聞いて、要約するという習慣をつけており、それが子どもの話を要約する板書に表れている。
　このように板書の傾向とライフストーリーを結びつけて語ることができ

た。このように協働学習的アクション・リサーチの協議会を行うことにより、自分が無意識にしていた聞き方、書き方が明らかにすることができた。それは以下の会田さんの発言にも表れている。

会田：みんないろいろな背景をもっているなって。人間っておもしろいなって。同じことをしているように見えても、全然する理由が違ったりすると、着眼点も違ってきて。<u>板書が違うということは正直気づかなかったので、</u>観点としておもしろいな、と思って。ちょっと飯田君がうらやましくなりました。

　と述べ、この協議会の結果自覚できたことを語っている。このようなフレームの明確化は一緒に話し合っていた新井さんや、三輪さんにも自分のフレームを見つめなおさせることになった。

三輪：わたしは授業記録をとっていると、要約をしています。（中略）<u>今回の実習で気がつきました。自分が全部書くんじゃなくて、要約して書くんだっていうのを。</u>
新井：あまり書かないタイプです。（中略）<u>気になったところだけは書くんですけど。</u>自分が板書するときは児童が言ったことを一言一句書いているとかなりきついので、自分で聞いていてまとめてある程度。

　と述べ、自分の聞き方、書き方について語っている。授業者2人だけでなく、一緒に話し合っていた実習生にも効果がある可能性も示すこともできたと考えている。

5.2　課題
5.2.1　司会の役割について
　実習生の話し合いでは、こうしたほうがいい、これは失敗だったと授業の成否を気にした発言が多かった。教育実習では自分なりの方法を見つけるという思いよりは、有効な授業方法を身につけたいという思いが強いのであろ

う。そのため司会として著者は、正しい、正しくないという視点ではなく、違いとしてどうかという投げかけを繰り返してしまった。その対応により2つの価値観が並び立つようにしてしまったのではないかという反省がある。

確かに多くの場面で適用できる、有効な授業方法を教育実習で学ぶのは基礎実習としてとても必要なことである。ただ実習をそれだけで終わらせるのではなく、自分のフレームを知り、自分が個性的な教師としてどの方向に伸びていったらよいのかを考えるきっかけを教育実習の最終日にもつことは効果的なことではないかと考える。そのため指導教諭である著者が、フレームという見方を実習生に与えたことは今後の実習生の変容に効果があるのではないかと考えている。このあと実習生がどのように成長していくのか、今後も調査していくことにする。

5.2.2 客観性について

この研究の課題の2つ目は、実習生の語っていることがどれだけ客観性をもつのかという問題である。飯田さんの板書を見ると、飯田さんは全部板書をすると述べているが、現実には要約して板書をすることもあるからである。また飯田さん、会田さんも苦手なところを話してくれているが、客観的に見て本当に苦手なのかどうかはわからない。

しかし、大切なのは本人たちが自分の行為にどのような意味づけをしているかどうかであると考えている。たとえ要約して書かれていても本人が全部書いているという思いで書いている以上、それは本人にとって真実である。本人が意味づけているライフストーリーがフレームに結びつくと考えている。

ただ自分の意味づけと現実が客観的に見て異なるということを認識することでフレームが変容する可能性もある。そのような可能性も考えながら、研究を今後も進めていきたい。

5.2.3 フレームの浅さについて

この事例の場合、板書という授業の技術のとらえ方という視点で議論が行われた。授業の根本を組み立てているところまでは到達していないという見

方もできる。今までの事例では、どうしてこのような授業をしたのか、どうしてこのような反応をしたのか、という即応的な反応についての議論になっていたが、この事例はそうなっていない。それは実習生段階ということもあるが、実習生が独力で授業を組み立てていないということがあげられる。東京学芸大学では、授業をする単元は前もって学校から与えられているし、授業をどうするかは個人で考えるというよりは実習生同士で話し合って決めるというスタイルをとっている。そのため自分の思いが授業に表れる要素がとても少ないと考えられる。やはり自分がしたい授業を自分で行うからこそ、フレームが表れてくる。今後教育実習で具体的にどうするのかは、教育実習のシステム的な議論も含め、今後の検討課題としていきたい。

終章
協働学習的アクション・リサーチの課題と展望
子どもの学びを深めるために

1. 結論―学び合いの重層構造・アクション・リサーチの二重構造

　以上、II部で協働学習的アクション・リサーチの方法論・実践を論じ、協働学習的アクション・リサーチの有効性を説明してきた。教師のフレームを明確化し、フレームが変容すると教師学習的アクション・リサーチのやり方が変容する。教師と子どもとのインタラクションも変容し、そこでまた教師や子どもが変容するのである。これを図示すると以下のようになる。

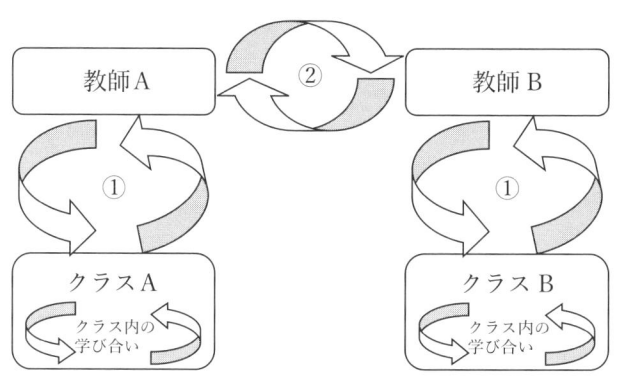

クラスAとクラスBは間接的に学び合っている。

　①は教師学習的アクション・リサーチである。教師が自分のクラスで実践を行い、その中で教師は子どもから学び、子どもは教師から学んでいる。これを有効にするのが教師学習的アクション・リサーチである。教師は子どもとのインタラクションを省察する中で、自らのフレームを自覚することがで

き、自分の実践を変容させることができる。そしてその実践の結果子どもが変容し、そこからまた省察していく。この循環がまさに教師学習的アクション・リサーチと言える。

しかし、①の教師学習的アクション・リサーチだけでは教師は１人で研究を行うため、フレームの分析が浅くなったり、深い思いこみに気がつかなかったりする可能性がある。そのため教師は他の教師や他のクラスから学ぶ必要がある。それが②の協働学習的アクション・リサーチである。協働学習的アクション・リサーチでは教師が対等に学び合う。自分のクラスと他者のクラスの違いに気がつき、その要因をライフストーリーから語りあう。その結果フレームの相対化が起こり、より深い自らのフレームが明らかになる。

そこで深まったフレームが①の教師学習的アクション・リサーチの質を高め、子どもが変容する。そこで変容した子どもとのインタラクションから教師は省察を行い、その結果をまた②の協働学習的アクション・リサーチの対象にすることもできる。その結果教師、子どもが変容し続けるという循環が生まれ、教師、子どもの複雑な学び合いが行われるのである。

この学び合いは重層構造をなしている。クラスの中で子どもも学び合いをしている。クラスで作文を読み合うことにより、作文を発表した子どもの思考、書き方、人間性を学ぶことができる。その発表を交互にすることにより、子どもたちは学び合い、受け入れあう関係を作っていくことは著者のクラスでも吉田先生のクラスでも見ることができた。

それからクラスＡの子どもとクラスＢの子どもも間接的に学び合っている。3章の例で言えば、吉田先生は著者のクラスの作文を読んで、自分のフレームを明確化し、クラスの指導に生かし、子どもは変容した。また著者も吉田先生のクラスの作文を読み、そこから他者理解を学び、それをクラスの子どもに伝えた。つまり著者のクラスの子どもと吉田先生のクラスが、著者と吉田先生の学び合いを通して間接的に学び合っているのである。つまり教師が他の教師と学び合うことは間接的に子どもの学び合う相手を拡大し、それだけ子どもの学びを深める可能性があることを示している。

以上この学び合いの多層構造について論じてきた。教師は協働学習的アクション・リサーチによって自己のフレームを変容し、そのフレームによって

教師学習的アクション・リサーチを効果のあるものにする。その教師学習的アクション・リサーチによって子どもの学び合いが深まり、子どもが変容するのである。また教師が協働学習的アクション・リサーチによって学び合うことは間接的に子どもの学び合う相手を増やすことになり、子どもの学びを深める可能性が高まることが考えられる。協働学習的アクション・リサーチは多層な学び合いを生み、教師だけでなく、子どもの学びを深めていく方法として有効に働くのである。

2. 課題と展望

　今後の展望として3点のことが考えられる。1点目は自らも教師として変容していくために今後も協働学習的アクション・リサーチを続けるということである。教室内の教師学習的アクション・リサーチと並行しながら、これからも様々な教師と学び合いを行い、フレームを深め、自分のクラスの子どもの学びを広げていきたいと考えている。またそれは同時に共に学びあった教師のクラスの子どもの学びを広げていくことにもつながっている。こうした地道な活動・研究を通して教育の向上に微力ながら貢献していきたい。

　2点目は教員研修の方法に提言するということである。これからも研究を続け、記録を残していくことが協働学習的アクション・リサーチの理論に説得力をもたせて方法論として確立させることにつながる。しかしこの道のりはまだ長いものがある。

　協働学習的アクション・リサーチをシステムとして位置づけるにはどのようにしたらよいのか、そして困難と考えられるのはどのような点かなど考えるべき課題はたくさん残されている。またここで論じた事例は中堅以下で、ベテラン教員のフレームがどのようになっているのかはまだ未解明である。今後も研究を深め、教師の学び合いを生むような教員研修のあり方を提言できるよう、具体的な取り組みを始めていきたいと考えている。

　3点目は教員養成への提言である。II部の3章、4章で伊藤さん、市川さんが学部生段階から初任期までどのようにフレームを変容させたのかについては論じてきた。またII部5章では、実際に教育実習で学部3年生相手に

協働学習的アクション・リサーチを行った様子を論じた。

　教育実習で、実践から学ぶ、実践者と学び合うという姿勢を育て、個性ある教師の第一歩となるよう指導・研究を行ってきた。大学で一人前の教師として育てることは、教育という複雑な営みを考えたとき、不可能と言ってもよい。ではどのようにしたらよいのか。それは教師になったときに自分で成長できる学び方を教えることであろう。確かに初任でも教壇に立てば、子どもや保護者から一人前の教師として厳しい視線で見られることになる。そのために数多くの知識や技術を教えて教室に送り込むことも大切であるが、学校に赴いてそこから何も学ぶことができなければその教師は変容することができず、仕事を続けることは困難であろう。

　学生は大学で即戦力としての能力を高める一方で、準備教育として協働学習的アクション・リサーチの理論を学び、教師になってからも学んでいけるようにする。そうすることによって教師になった後も、その方法論を用いて自らを高めていくことができる。今後教師の学び合いを有効にするために大学でどのように協働学習的アクション・リサーチを学生に教えるのかを考える必要があると考えている。またそれは教育実習でも同様である。教育実習中の実習生の授業のふりかえりに協働学習的アクション・リサーチを用いてその方法論を身につけさせることもできるだろう。大学4年間よりも教師になった以降の時間の方が何倍も長い。大学4年間で全てを教えようとするのではなく、学び方を教えて学校現場に送り出す方が効果的ではないか、その方法論として協働学習的アクション・リサーチは有効ではないかと考えている。

　しかし、II部6章でも論じたように、教育実習で協働学習的アクション・リサーチを行うことは課題もまだ多い。今後そのような教育実習を含めた教員養成の研究も行っていきたいと考えている。

おわりに

　以上、著者は教師の学び合いという視点から、教師の専門的な変容をとらえてきた。本研究はまだ研究途中であるが、公刊という形で一段落をつけることになる。本書を執筆し終わって考えたことは、著者はこの本を書くべくして書いている、いや書くべき定めだったのではないかということである。この本を執筆するに至るまで、いろんな方と出会い、その方々の導きによって本書がある。逆に言えば、導びかれた著者だから書けたということが言えよう。

　アクション・リサーチという言葉を教えていただいたのは学部時代。東京大学の秋田喜代美先生から教えていただいた。その言葉の意味、重さを何年も後になって気づくことができた。本研究の出発点はそこにある。

　本書を著すのにもっともご指導いただいたのは大学院で修士、博士と6年間、いやそれ以後も公私にわたってお世話になった東京学芸大学の大熊徹先生である。大熊先生は緑内障で一刻も早い手術が必要だったのにもかかわらず、私の博士課程の入試のため、手術を遅らせてくださった。ご自分の視野を犠牲にまでしてくださったこのご恩は、一生かけてもお返しできるものではない。また、連合大学院では、主指導教員の大熊先生はもちろん、東京学芸大学の岩立京子先生、横浜国立大学の金沢裕之先生、高木展郎先生、埼玉大学の竹長吉正先生のご指導があって、論文を仕上げ、出版への足がかりとすることができた。博士論文執筆から、公刊までは3年と言われているが、5年かかってしまったことにお詫びを申し上げたい。

　全国大学国語教育学会をはじめ、いろいろな学会でたくさんのご指導を受け、実践事例の追加を含め、博士論文の加筆を行った。その際たくさんの先生のご指導を受けた。元岩手大学の望月善次先生、広島大学の吉田裕久先生、山元隆春先生、都留文科大学の鶴田清司先生、文部科学省の水戸部修治

先生、信州大学の藤森裕治先生、同志社大学の松崎正治先生、福山市立大学の藤原顕先生、日本女子大学の澤本和子先生、新潟大学の小久保美子先生、熊本大学の河野順子先生、他にも多数の先生方からご指導を受けた。また日本教師教育学会では東洋大学の山﨑準二先生、東京学芸大学の櫻井眞治先生から、日本教材学会からは星槎大学の佐島群巳先生から、たくさんのご指導を受けた。

　東京学芸大学の先輩方からたくさんのご指導を頂いた。弘前大学の故長崎秀昭先生、山梨大学の岩永正史先生、宮城教育大学の木下ひさし先生、京都ノートルダム女子大学の工藤哲夫先生、秋田大学の成田雅樹先生、群馬大学の中村敦雄先生、東京学芸大学の中村和弘先生、廣川加代子先生、国士舘大学の山室和也先生、井上善弘先生、京都橘大学の池田修先生、帝京大学の小山恵美子先生と数多くの先輩研究者の励ましがあって研究を進めることができた。

　また研究室の仲間、現職教員の仲間であった、杉本豊先生、坂本喜代子先生、加藤真奈美先生、金野泰久先生、石川和広先生、新井孝昇先生、赤井聡子先生、高桑美幸先生、高橋麻樹子先生、森顕子先生、荻野聡先生、大川修一先生、小山進治先生、吉田知美先生、後藤昌幸先生、上田真也先生には実践・研究の両面から刺激を受けた。また研究室の後輩の佐藤千明さん、島田萌さん、鈴木麻利さん、川上絢子さん、広瀬充さんからは研究へのエネルギーを頂いた。特に川上さん、広瀬さんは本書の校正を手伝ってくれた。心より御礼申し上げる。

　文献の会では藤井治先生、小森茂先生、清水健先生、細谷俊太郎先生、前田修郎先生とゆっくりショーンの『専門家の知恵』を輪読する機会があり、本書の理論的基礎となった。

　現職の先生方からもたくさんのご指導を頂いた。筆者の勤務校の先輩であり、同僚であった、片山守道先生(現お茶の水女子大学附属小学校)、片山順也先生(現目黒区教育委員会)、川畑秀成先生(現東京都公立学校)、大塚健太郎先生、吉永安里先生(現国学院大学)、成家雅史先生からたくさんのご指導を受けた。

　もちもちの会でお世話になった学習院初等科の梅田芳樹先生をはじめとす

る私学の先生方、ボランティア時代のお世話になった荒川区の先生方、都小国研作文部の先生方、そして研究協力をしてくださった東京学芸大学の学生さん、著者が担当した実習生のみなさん、そして何より著者が担任した児童のみなさん、みなさんのご協力のおかげで、本書がある。

　ひつじ書房の森脇さんには本書をどのようにすれば本になるのか適切なご助言をいただいた。森脇さんのていねいな校正があって本書が完成した。

　また著者を産んで育ててくれた両親、共に生活してきた兄弟、著者の実家の臨済宗妙心寺派龍雲寺が、著者の人間の基盤となっている。心より感謝を申し上げる。

　最後に、著者の研究を支えてくれた妻睦、遊ばなくても許してくれた息子の泰弘、娘の桃子に感謝をして、筆を置くことにする。

平成25年　新春

細川太輔

初出一覧

序章　「評価観の再考」『月刊国語教育研究』No. 418（日本国語教育学会 2007）　pp.10–15

第Ⅰ部
第1章　「国語教育におけるアクション・リサーチの可能性」『国語科教育』第58集（全国大学国語教育学会 2005）　pp.34–41
第2章　同上
第3章　『協働学習的アクション・リサーチの理論と実践』（学位論文 2008）

第Ⅱ部
第1章　「教師の学びあいによるフレームの相対化と変容」『学校教育学研究論集』第15集
　　　　（東京学芸大学大学院連合学校教育学研究科 2007）　pp.53–65
第2章　同上
第3章　同上
第4章　「学生の学び合いによるフレームの明確化」『国語科教育』第67集（全国大学国語教育学会 2010）　pp.35–42
第5章　「初任期教員のフレームの変容」『国語科教育』第72集（全国大学国語教育学会 2012）　pp.33–40
第6章　「協働学習的アクション・リサーチの実践」『国語科教育研究』第118回東京大会研究発表要旨集（全国大学国語教育学会 2010）　pp.69–72
終章　『協働学習的アクション・リサーチの理論と実践』（学位論文 2008）

索引

あ
秋田喜代美　12, 63, 91
アクション・リサーチ　11, 12, 76, 79
アクション・リサーチの二重構造　169
有澤俊太郎　74
暗黙的な知　17
稲垣忠彦　72
井上尚美　94

か
学習者としてのライフストーリー　153
亀村五郎　54
木原俊行　61
教師学習的アクション・リサーチ　35, 77
教師個体史研究　83
教師としてのライフストーリー　153
教師の個性　78
協働学習的アクション・リサーチ　92, 95
グッドソン　24, 78
研究カンファレンス　74
高木展郎　75
コルトヘーハン　22, 152

さ
佐藤学　5, 66, 76
澤本和子　74, 77
三角測量(トライアンギュレイト)　25, 90
自覚　46
実証主義　15, 16
実践の中の知(Knowing in action)　16, 17
授業カンファレンス　72
授業リフレクション　74, 77
状況的行為　19
事例研究　13
生態学的アプローチ　13
相互主観性　34
即興(improvisation)　20

た
高城英子　30
ドナルド・ショーン　15, 72

な
ナラティブアプローチ　82
ナラティブ様式　5, 38
野地潤家　83

は
浜田寿美男　54
反省的実践家　28
半田淳子　29
ビゴツキー　46
藤澤伸介　62
藤森裕治　75, 76
藤原顕　80, 82
フレーム　23, 24
フレーム実験(frame experiment)　97, 153
フレームの相対化　58, 96, 117

フレームの変容　97, 118
フレームの明確化　53, 96, 136, 161
フレーム分析　22, 35
プロジェクト学習　36
ベッカー　13, 15, 20
ポランニー　17

や
山﨑準二　80, 123
やまだようこ　24, 34, 38
横溝伸一郎　12, 27
予想不可能事象　75

ら
ライフコース研究　80
ライフストーリー　24, 89
ライフヒストリー　25, 78
ルーシー・A・サッチマン　19
レッジョ・エミリア　36

【著者紹介】

細川太輔（ほそかわ たいすけ）

〈略歴〉
1978年東京都世田谷区出身。東京大学教育学部卒業。東京学芸大学大学院、東京学芸大学連合大学院修了。博士(教育学)。私立小学校教諭を経て、現在東京学芸大学附属小金井小学校教諭。東京学芸大学非常勤講師兼任。

〈主な著書〉
「協働学習的アクション・リサーチの実践」(『教師教育学会年報』日本教師教育学会、2012)、「コンピューターを使って書く」(『教材学研究』日本教材学会、2012)、「児童の思いを大切にして授業をつくる」(『実践国語研究』No.312、明治図書、2012)、「活用の中に習得を」(『教育科学国語教育』No.744、明治図書、2012)

国語科教師の学び合いによる実践的力量形成の研究
協働学習的アクション・リサーチの提案

発行	2013年5月15日　初版1刷
定価	4600円＋税
著者	© 細川太輔
発行者	松本 功
装丁者	上田真未
印刷所	三美印刷株式会社
製本所	株式会社 星共社
発行所	株式会社 ひつじ書房
	〒112-0011 東京都文京区千石2-1-2 大和ビル2階
	Tel.03-5319-4916　Fax.03-5319-4917
	郵便振替 00120-8-142852
	toiawase@hituzi.co.jp　http://www.hituzi.co.jp

ISBN978-4-89476-639-6

造本には充分注意しておりますが、落丁・乱丁などがございましたら、小社かお買上げ書店にておとりかえいたします。ご意見、ご感想など、小社までお寄せ下されば幸いです。

日本語・国語の話題ネタ　実は知りたかった日本語のあれこれ
森山卓郎編　定価 1600 円 + 税
ちょっとした小話が国語(日本語)の学びを楽しくする。文字表記、語彙、文法、方言、国語の教育などトピックに分け、楽しくことばの豆知識を知ることができる。

声で思考する国語教育　〈教室〉の音読・朗読実践構想
中村佳文著　定価 2200 円 + 税
これまで国語の授業でその効用が明らかにされないまま行われてきた音読・朗読について、著者の教育現場での実践を踏まえ、声に出して読むことの理論と効用を明らかにする。

「語り論」がひらく文学の授業
中村龍一著　定価 2400 円 + 税
国語科教育で文学作品を読むためにある様々な理論の中で深化した「語り論」を国語科教育の基礎的な実践理論とするため、著者のこれまでの考察と提案、実践報告をまとめた。